DERECHO MERCANTIL

Supuestos prácticos para los Grados de ADE y GAP

3.ª edición

DERECHO MERCANTIL
Supuestos prácticos para los Grados de ADE y GAP

3.ª edición

M.ª Cristina Fernández Fernández

PRENSAS DE LA UNIVERSIDAD DE ZARAGOZA

© M.ª Cristina Fernández Fernández
© De la presente edición, Prensas de la Universidad de Zaragoza
(Vicerrectorado de Cultura y Patrimonio)
3.ª edición, 2025

Colección de Textos Docentes, n.º 295

Prensas de la Universidad de Zaragoza. Edificio de Ciencias Geológicas, c/ Pedro Cerbuna, 12, 50009 Zaragoza, España. Tel.: 976 761 330
puz@unizar.es   http://puz.unizar.es

 Esta editorial es miembro de la UNE, lo que garantiza la difusión y comercialización de sus publicaciones a nivel nacional e internacional.

ISBN 979-13-87705-63-3
Impreso en España
Imprime: Servicio de Publicaciones. Universidad de Zaragoza
D.L.: Z 1063-2025

Prólogo a la segunda edición

Presento una nueva edición de la obra corregida y actualizada. La principal novedad es que, en esta ocasión, he decidido incorporar algunos casos resueltos de manera resumida al comienzo de cada bloque. He buscado con ello facilitar a los estudiantes el seguimiento de la asignatura, también a distancia, ya que las soluciones del guion les servirán de orientación.

He de decir que el libro está pensado para ser utilizado en las clases presenciales. Las que aparecen como respuestas a los casos no son exhaustivas, por supuesto. Siempre busco dar pie al diálogo, animar a la participación para enriquecer el aprendizaje. Hablar en público es una destreza (competencia transversal en los planes de estudios) que solo se puede adquirir con la práctica y, para ello, el planteamiento de esta obra es ideal.

Este manual está formado por distintos tipos de prácticas: algunas son preguntas cortas, que pretenden que los alumnos detecten si han asimilado bien los conocimientos en cuestión, o quizá no los tenían tan claros como creían. Otras consisten en la lectura de un artículo de interés, más la respuesta ulterior a un cuestionario. En este caso, la finalidad es permitir a los estudiantes avanzar en el conocimiento de algunos temas especialmente complejos, de gran calado o profundidad y que requieren una reflexión más pausada por su dificultad. Para los alumnos de grados no jurídicos es especialmente importante, en aras de la consecución de una visión del Derecho más amplia y versátil.

Pero el 95 % del libro está formado por supuestos prácticos reales. Acercar a los alumnos a la realidad de la jurisprudencia de los tribunales es básico para su futuro. Los casos nunca son supuestos de laboratorio, inventados por mí, por dos motivos: en primer lugar, porque creo que la realidad presenta facetas suficientemente interesantes, complejas y sorprendentes para ellos y, en segundo lugar, porque si un supuesto no está pasando en la práctica o no da lugar a litigiosidad quizá no merezca la pena tratarlo en asignaturas con limitaciones en cuanto a la extensión de la materia.

El problema de este planteamiento es su complejidad. Les presento la realidad sin edulcorar. Y tienen que leer sentencias reales y completas. Por eso, en esta edición, he incluido esos guiones de respuestas que les pueden facilitar la tarea.

Por último, quiero mencionar que el libro es extenso, recoge muchos supuestos, por distintas razones. La primera es que está dirigido a estudiantes de tres asignaturas distintas, no todos harán todas las prácticas. La segunda, que cuantos más casos vean, mejor preparados saldrán. Y, la tercera, que la abundancia impide que les quede tiempo libre. Tengo para mí que mis estudiantes deben aprovechar al máximo su paso por la universidad, sacarle todo el partido posible.

Y pretendo darles esa oportunidad. En este sentido he de aclarar que, aunque algunas sentencias sean antiguas, no las he suprimido porque siguen siendo de gran utilidad. En estos casos, no tienen la respuesta a la práctica en la sentencia de manera completa y tienen que ser capaces de buscar en la legislación vigente la solución actual.

Prólogo a la tercera edición

En esta nueva edición el cambio más importante es que se añade una tercera parte a la obra, titulada «Posibles preguntas», que tiene como finalidad ayudar a mis alumnos en el estudio de la asignatura. Las preguntas en cuestión van referidas a los dos manuales que he publicado hasta la fecha, *Introducción al Derecho* y *Derecho mercantil,* ambos libros muy extensos. Les servirán de guía, sabrán qué les puedo preguntar en el examen (cosa tremendamente útil) y, sobre todo, espero que les hagan pensar y profundizar mucho más en el complejo mundo del Derecho mercantil.

Las dos primeras partes se mantienen. Las he actualizado y he añadido algunos casos recientes en la parte de sociedades, seguros y en contratación, donde he creado un bloque centrado en el turismo.

Por último, he añadido un pequeño apéndice con las páginas web de mayor uso durante el curso.

Tierz, abril de 2025.

Primera parte: introducción

1. ¿Son imperativas o dispositivas las siguientes normas?
Los arts. 1315, 1316, 1465, 1490, 1500, 1501, 1504, 1550 y 1574 CC.
Los arts. 107 y 135 LSC.

2. Después de haber leído el artículo de Ángel Rojo, «El Derecho mercantil y el proceso de unificación del Derecho privado», en la *Revista de Derecho Mercantil* n.º 291 de 2014, pp. 127-142, y el artículo de María Ángeles Parra «La doble codificación en España y la frustración del proceso de unificación del derecho privado», *Europa e diritto privato,* pp. 897-925, contesta a las siguientes preguntas:

a. ¿Por qué en España (y también en Alemania) se produjo primero la codificación mercantil (1829, Código de Pedro Sainz de Andino) y solo en 1889 la codificación civil?

b. ¿Qué son los Derechos forales?

c. ¿Qué norma se aplica a un matrimonio entre aragoneses?

d. ¿Cómo diferenciarías el Derecho público del Derecho privado?

e. ¿Qué significa unificar el Derecho privado?

f. Enumera países que actualmente tengan un único cuerpo normativo o Código que aglutine dentro de sí el Derecho mercantil (sistemas unitarios).

g. Enumera países que actualmente tengan el Derecho privado repartido en dos Códigos (sistemas dualistas).

h. ¿Se prevé una unificación del Derecho privado en España, a corto plazo?

i. ¿Qué ventajas tendría dicha unificación y qué supondría en la práctica?

j. ¿Por qué motivo se ha denominado al Anteproyecto de nuevo Código de comercio Código mercantil? ¿Qué supondría su aprobación definitiva? ¿Qué pretende?

k. ¿Cuándo nace el Derecho mercantil y por qué se separa del Derecho civil? ¿Qué significa que es un derecho especial?

l. ¿Dónde se recoge el sistema de fuentes de nuestro ordenamiento jurídico? ¿Hay alguna especialidad en el ámbito mercantil?

3. Lee el artículo de TUR FAÚNDEZ, «Los remedios ante el incumplimiento en la propuesta de modernización del CC en materia de obligaciones y contratos de 2023», *Revista de Derecho Privado,* n.º 4, julio-agosto 2024, pp. 3-26 y haz un resumen de los remedios frente al incumplimiento que se proponen en la Propuesta mencionada.

Segunda parte: casos prácticos

Preguntas para resolver sobre las sentencias de prácticas.

a. Fija claramente las posiciones enfrentadas de las partes: quién es el demandante, quién es el demandado y la causa de pedir.

b. Delimita el problema: los hechos. Explica el camino procesal: ¿qué sucede en las diversas instancias?

c. Recoge las normas y los argumentos que se discuten principalmente en el caso, y en que se apoyan las partes.

d. Explica el fallo de la sentencia. ¿Cuál fue la decisión del tribunal y cuál su fundamento jurídico? ¿Cuáles son los motivos fundamentales que justifican aquella?

e. Haz una valoración crítica de la sentencia, relacionando el caso con la teoría explicada en clase. Extrae una conclusión personal del caso.

1. Usos de comercio

1. Por contrato de compraventa firmado el 13 de mayo de 1985, José y Domingo R. M. adquirieron de Melansa, adjudicataria de la plaza de toros de Colmenar Viejo, la carne de las reses a lidiar durante la feria de los Remedios del propio año. El día 30 de mayo el toro denominado Burlero causó la muerte del diestro don José Cubero Sánchez, *El Yiyo*. Cuando se procedía al despiece de la res, separada ya la cabeza del cuerpo pero encontrándose intacta, irrumpió un gran número de personas y, sin que el matarife pudiera impedirlo, se la llevaron, encontrándose en la actualidad disecada, en posesión de dicha empresa. Se ejercita acción reivindicatoria por los compradores con apoyo en el contrato. Entienden José y Domingo que la cabeza les pertenece, ya que el concepto de *carne* no puede limitarse, según ellos, a las canales de la res, sino que necesariamente ha de referirse a todas las partes en que normalmente se despieza, entendiéndose, según costumbre habitual en el mundo del toro y tal y como se desprende del conjunto de la prueba practicada, que la compraventa de la carne de los toros a lidiar incluye el todo del animal, vísceras, cabeza y despojos. ¿Conseguirán recuperar la cabeza del toro? Véase la STS del 13/11/92, RJ 9399.

a. Quién es el demandante, el demandado y la causa de pedir.
Demandante: José y Domingo (Carniceros).
Demandado: Melansa (adjudicataria de la plaza de toros).
Acción reivindicatoria de la cabeza de toro.
b. Resumen de los hechos y camino procesal.

— 1.ª Instancia (juzgados): Gana Melansa.

— 2.ª Instancia (apelación): Ganan José y Domingo.

— TS: Ganan José y Domingo.

c. Principales normas que se citan en el caso.

Art. 348 CC. Sobre el derecho de propiedad, en el que se basa la acción reivindicatoria ejercitada por las partes.

Arts. 1089, 1090 y 1091 CC. Sobre el contrato como fuente de obligaciones.

Arts. 3.1 y 1287 CC. Sobre el valor de los usos de comercio para interpretar contratos.

Un uso de comercio: «*Que la compraventa de la carne de los toros a lidiar incluye el todo del animal, vísceras, cabeza y despojos: costumbre habitual en el mundo del toro.*»

d. Fallo y fundamentos jurídicos que lo justifican.

El fallo es a favor de José y Domingo. La razón es la existencia de una costumbre en el mundo del toro que consiste en que en el concepto de la *carne de los toros* a lidiar se incluye todo el animal: vísceras, cabeza y despojos.

2. Arturo demanda a la entidad mercantil Castañas Barredo SL, reclamándole el pago del precio de dos partidas de castañas que entregó los días 30 de octubre y 2 de noviembre de 2003, a 1,10 € kilo, que asciende a 12 261 €. La sociedad demandada alega en su defensa que existe un uso de comercio observado en la comarca de Valdeorras en la compraventa de castañas en función del cual el precio de la transacción viene dado por el calibrado de la castaña que realiza el comprador en defecto del realizado por el vendedor, o mediante comprobación del efectuado por este. Mantiene así la demandada que, como las castañas eran muy pequeñas, el precio por kilo habría de ser 0,42 €, y que entonces las cantidades entregadas a cuenta extinguen la obligación de pago. Véase la SAP de Orense del 28/10/04, JUR 2005/26196.

a. Quién es el demandante, el demandado y la causa de pedir.

Demandante: Arturo.

Demandado: Castañas Barredo SL.

Responsabilidad contractual, se reclama el pago del precio de dos partidas de castañas.

b. Resumen de los hechos y camino procesal.

Se discute sobre el tamaño de las castañas compradas por el demandado, porque dependiendo del tamaño el precio varía en la comarca. Testigos deponen en el juicio diciendo que las castañas eran grandes.

Camino procesal:

— 1.ª Instancia (juzgados): Gana Castañas Barredo SL.

— 2.ª Instancia (apelación): Gana Arturo.

c. Principales normas que se citan en el caso.

Uso de comercio observado en la comarca de Valdeorras en la compraventa de castañas y en función del cual el precio de la transacción viene dado por el calibrado de la castaña que realiza el comprador en defecto del realizado por el vendedor o mediante comprobación del efectuado por este.

d. Fallo y fundamentos jurídicos que lo justifican.

El fallo es a favor de Arturo, Castañas Barredo le tiene que pagar 12 261 €, el precio de las castañas.

Razones:

— El uso de comercio que se alega en el juicio, observado en la comarca de Valdeorras en la compraventa de castañas y en función del cual el precio de la transacción viene dado por el calibrado de la castaña que realiza el comprador en defecto del realizado por el vendedor o mediante comprobación del efectuado por este, no tiene aplicación porque solo rige en defecto de pacto o acuerdo entre las partes (habían acordado 1,10 € por kilo). Además, aunque se aplicase, como las castañas eran grandes, el precio sería el mismo.

— Las castañas fueron recibidas a satisfacción del comprador, que no protestó.

— Testigos que deponen en el acto del juicio reconocen que las castañas eran grandes.

2. Contratación

2.1. Compraventa

3. El día 28 de septiembre de 1973, Antonio compró un cuadro catalogado entre los asignados al pintor Joaquín Sorolla Bastida, titulado *Aguardando o esperando la barca,* o *Bueyes y barca,* por un precio de 10 000 000 pta, instrumentado en 20 letras de cambio de 500 000 pta cada una. Después de haber pagado 5 500 000 pta Antonio descubre que el cuadro no es auténtico. Consigue dictámenes negativos de autenticidad que emiten el Instituto Central de Restauración y Conservación de Obras de Arte, el director del Museo Sorolla y el laboratorio de investigación y experimentación caligráfica, y solicita ante el Juzgado de 1.ª Instancia n.º 3 de Madrid la nulidad del contrato de compraventa del cuadro, por no ser legítimo del pintor Sorolla. Según Antonio, el contrato es bien radicalmente nulo por no reunir los requisitos esenciales que exige el art. 1261 CC

(entre ellos, objeto cierto), bien anulable por existir un vicio en el consentimiento (arts. 1265 y ss. CC). Véase la STS del 9/10/81, RJ 3595.

a. Quién es el demandante, el demandado y la causa de pedir.

Demandante: Antonio.

Demandado: Adolfo.

Responsabilidad contractual. Nulidad de contrato de compraventa por error vicio del consentimiento.

b. Resumen de los hechos y camino procesal.

Antonio compró un cuadro que creía de Sorolla y descubre después que era falso. Pretende entonces anular el contrato, y recuperar el dinero pagado.

Camino procesal:

— 1.ª Instancia (juzgado): Gana Adolfo.

— 2.ª Instancia (apelación): Gana Adolfo.

— TS: Gana Adolfo

c. Principales normas que se citan en el caso.

Arts. 2, 50 y 59 Ccom, sistema de fuentes del derecho en el ámbito mercantil, papel de los usos.

Uso de comercio: los comerciantes y vendedores de obras pictóricas en relación con la autenticidad y el carácter genuino de la pintura vendida en su establecimiento de autores fallecidos no contemporáneos se limitan a expresar de buena fe que la obra vendida es propia de un artista determinado y ejecutada de su mano según los elementos de juicio que dichos comerciantes o vendedores han podido reunir o tener a su alcance.

Arts. 1261, 1265 y 1266 CC.

d. Fallo y fundamentos jurídicos que lo justifican.

Fallo a favor de Adolfo, el vendedor del cuadro: el contrato no se anula, es válido y exigible.

Las razones son:

— Uso de comercio plenamente aplicable en el caso: *"los comerciantes y vendedores de obras pictóricas en relación con la autenticidad y carácter genuino de la pintura vendida en su establecimiento de autores fallecidos no contemporáneos se limitan a expresar de buena fe que la obra vendida es propia de un artista determinado y ejecutada de su mano según los elementos de juicio que dichos comerciantes o vendedores han podido reunir o tener a su alcance"* (considerando 2).

— Excepcionalidad de la doctrina del error (considerando 3).

— Tanto el comprador como el vendedor son profesionales (no hay consumidor) (considerando 5).

— Buena fe del vendedor (considerando 6).

4. El 14 de diciembre de 1999, el Sr. Arcadio adquirió en la sala de subastas Retiro el cuadro titulado *Gitana,* óleo sobre lienzo, firmado por el pintor Isidro Nonell y fechado en 1904. La subasta era realizada por la Caja de Ahorros y Monte de Piedad de Madrid. La obra fue sacada a subasta como garantía de un préstamo que resultó impagado a su vencimiento. Arcadio pagó por el cuadro la suma total de 97 601,34 €, incluyendo la comisión abonada a la sala de subastas. Años más tarde, al intentar venderlo y necesitar un certificado de autenticidad, descubre que en realidad la pintura no es de Isidro Nonell. Aunque de una cierta antigüedad, se trata de una imitación efectuada por un autor desconocido hace más de veinte o treinta años. Varios expertos y peritos califican la obra de vulgar copia. Profesores de universidad y restauradores ponen de manifiesto que los pigmentos de la pintura, destacando el azul ftalocianina, aparecieron en el mercado en 1938, y el blanco de titanio en 1925. Por eso, el 4 de marzo de 2015, Arcadio interpone una demanda contra la Fundación Caja Madrid, sucesora de la Caja de Ahorros y Monte de Piedad, que se defiende alegando que el cuadro litigioso al ser subastado contaba con certificado de autenticidad, emitido por un profesor diplomado en Arte, y que el catálogo de la subasta fue elaborado por la sala Retiro, que en su confección no solo examinó la obra con arreglo a las mejores prácticas del sector, sino que, además, contaba con el mencionado certificado de autenticidad. ¿Tendrá éxito su demanda? Véase la STS del 17/12/19, RJ 2019/5137.

a. Fija claramente las posiciones enfrentadas de las partes: quién es el demandante, quién es el demandado y la causa de pedir.

Demandante: Arcadio.

Demandado: Bankia y Fundación Caja Madrid como sucesoras de la Caja de Ahorros y Monte de Piedad.

Responsabilidad contractual. Nulidad de contrato de compraventa de cuadro por error vicio del consentimiento. Se reclaman 97 601,34 €.

b. Delimita el problema: los hechos. Explica el camino procesal: ¿qué sucede en las diversas instancias?

Arcadio compró un cuadro que creía de Nonell; descubre años después que era falso. Pretende entonces anular el contrato y recuperar el dinero pagado.

Camino procesal::

— 1.ª Instancia (juzgado): Gana la Fundación Caja Madrid.

— 2.ª Instancia (apelación): Gana Arcadio.

— TS: Gana la Fundación Caja Madrid.

c. Recoge la norma o normas y los argumentos que se discuten principalmente en el caso, y en las que se apoyan las partes.

Arts. 1301 y 1303 CC.

Arts. 1265 y 1266 CC.

Art. 1969 CC.

d. Explica el fallo de la sentencia. ¿Cuál fue la decisión del tribunal y cuál su fundamento jurídico? ¿Cuáles son los motivos fundamentales que justifican aquella?

Fallo a favor de Caja Madrid, el vendedor del cuadro: el contrato no se anula; es válido y exigible.

Las razones son:

— La acción ha prescrito: se ha interpuesto demasiado tarde. Ya han transcurrido los cuatro años de plazo que establece el art. 1301 CC.

— Excepcionalidad de la doctrina del error. El TS analiza las sentencias anteriores, siempre se rechaza el error invalidante.

5. El día 7 de noviembre de 2004, Armando compra un coche de segunda mano en el taller Edén Auto. Después de sufrir varias averías, Armando demanda a Edén Auto Talleres, con apoyo en la Ley de garantías en la venta de bienes de consumo (ahora dentro del texto refundido de la Ley de consumidores), y pretende devolver el vehículo, recuperando el dinero, por las razones siguientes: mantiene que la empresa demandada no ha acreditado cumplir con las exigencias establecidas por la norma, pues no entregó ni la documentación ni las certificaciones de garantía. Además, entiende Armando que es la empresa la que debe demostrar que ha entregado el bien en condiciones óptimas. Los arts. 4.5 y 9 de la mencionada ley establecían la obligación del vendedor de responder de los defectos en la cosa vendida durante un año y se establecía la presunción de que el defecto existía si aparecía dentro de los seis primeros meses. Acredita en este sentido Armando que el 24 de febrero de 2005 tuvo que llamar a la grúa. También demuestra defectos en la dirección, humedad en el vehículo por filtrarse agua y que tuvo que cambiar la batería, además del elevalunas. Véase la SAP Vizcaya del 25/1/2007, JUR 2007/121674.

a. Fija claramente las posiciones enfrentadas de las partes: quién es el demandante, quién es el demandado y la causa de pedir.

Demandante: Armando.

Demandado: Edén Auto Talleres.

Responsabilidad contractual. Indemnización por las averías del coche que ha comprado de segunda mano, aún en garantía.

b. Delimita el problema: los hechos. Explica el camino procesal: ¿qué sucede en las diversas instancias?

Armando compra el 7 de noviembre de 2004 un coche de segunda mano que le da muchos problemas. La prueba que aporta es una factura de reparación de 7 de julio de 2005. Pretende ahora que lo indemnicen.

Camino procesal:

— 1.ª Instancia (juzgados): Gana Edén Auto.

— 2.ª Instancia (apelación): Gana Edén Auto.

c. Recoge la norma o normas y los argumentos que se discuten principalmente en el caso, y en las que se apoyan las partes.

Arts. 114 y ss. LGDCYU.

Art. 120 LGDCYU.

d. Explica el fallo de la sentencia. ¿Cuál fue la decisión del tribunal y cuál su fundamento jurídico? ¿Cuáles son los motivos fundamentales que justifican aquella?

Fallo a favor de Edén Auto, el vendedor del coche.

Las razones son:

— Armando debería haber demostrado que el defecto en el coche ya estaba presente en el momento de la compra.

— El tribunal no lo cree así. Usó el coche durante siete meses: si el defecto de dirección preexistiese, se habría manifestado antes.

— La ley entonces vigente establecía la presunción *iuris tantum* de que el defecto preexistía si se manifestaba dentro de los 6 primeros meses, a partir de la compra. Aquí han pasado 7 meses. (Véase ahora el régimen de la falta de conformidad del art. 121 LGDCYU, carga de la prueba).

Según los arts. 120 y 121 LGDCYU los plazos para reclamar por las faltas de conformidad son: 3 años en bienes nuevos, 1 año en bienes de segunda mano.

6 José Antonio compró una bañera de hidromasaje en la entidad Valldosera SA, valorada en 174 €, para instalarla en una obra que estaba construyendo y cuando el transportista la llevó a la casa donde se debía instalar, descubrió que estaba terriblemente dañada. Por ello, no aceptó la bañera e indicó al transportista que la devolviera al vendedor. Como ya había pagado el precio de la bañera en cuestión, José Antonio inicia ahora acciones legales contra la empresa Valldosera SA para recuperar el precio. ¿Tendrá éxito su demanda? Véase la SAP Tarragona del 19/1/2007, JUR 2007/127783.

a. Fija claramente las posiciones enfrentadas de las partes: quién es el demandante, quién es el demandado y la causa de pedir.

Demandante: José Antonio.

Demandado: Valldosera SA.

Responsabilidad contractual. Resolución de un contrato de compraventa de una bañera, devolución del precio pagado, 174 €.

b. Delimita el problema: los hechos. Explica el camino procesal: ¿qué sucede en las diversas instancias?

Camino procesal:

— 1.ª Instancia (juzgado): Gana Valldosera SA.

— 2.ª Instancia (apelación): Gana José Antonio.

c. Recoge la norma o normas y los argumentos que se discuten principalmente en el caso, y en las que se apoyan las partes.

Arts. 1261, 1300, 1484-1491, 1091, 1101 y 1258 CC.

Arts. 114 y ss. LGDCYU.

Arts. 120 y 121 LGDCYU.

Art. 1124 CC.

d. Explica el fallo de la sentencia. ¿Cuál fue la decisión del tribunal y cuál su fundamento jurídico? ¿Cuáles son los motivos fundamentales que justifican aquella?

Fallo a favor de José Antonio, el comprador de la bañera.

Las razones son:

— Para que exista la facultad resolutoria del contrato al amparo del 1124 CC es preciso que el hecho incumplido sea de tal entidad que impida el fin normal del contrato, frustrando las legítimas expectativas de la parte.

— El art. 120 LGDCYU impone en bienes de naturaleza duradera la llamada «garantía de producto»: obligación de reparar sin coste alguno para el consumidor y óptima. Si no se lleva a cabo surge la opción a favor del consumidor de resolver el contrato.

— Al consumidor le compete únicamente acreditar la producción del vicio: se presume que todo defecto acaecido durante el tiempo de la garantía es originario.

— En el establecimiento del vendedor se indicaba que los artículos vendidos como saldo no admitían devoluciones, bien por deteriorados, bien por descatalogados. Pero la bañera se rayó en el transporte, como lo acredita el hecho de que el propio transportista la devolvió al establecimiento del vendedor.

— Rayada como está la bañera resulta absolutamente inservible para ser colocada en un apartamento nuevo. El demandante compró otra y lo demuestra.

— El demandado pretendió entregar una bañera que presentaba defectos tan graves que la hacían inservible para el uso al que estaba destinada, verdadero incumplimiento contractual que permite la resolución del art. 1124 CC.

7. El 19 de julio de 1999 la sociedad Seguer Habitatges SA vendió en un contrato privado a la sociedad Catalunya Gestiò Torres i Mansions SL una finca en

el término municipal de Vilanova i la Geltrù. Esta sociedad compró todas las fincas que ocupaban todo un polígono del pueblo a sus distintos propietarios. El contrato se comenzó a ejecutar seguidamente y la compradora tomó posesión de las fincas y gestionó en el ayuntamiento la constitución de la Junta de compensación que afectaba a los terrenos adquiridos. El 17 de noviembre de mismo año se formaliza la venta en escritura pública por 57 060,09 €. Se vende a Conjunto Residencial Vilanova SL (sociedad del mismo grupo que Catalunya Gestió Torres i Mansions SL). El 18 de julio de 2002 esta última sociedad compradora, Conjunto Residencial Vilanova SL, vende las fincas en cuestión por 601 000,84 €. Finalmente, el 17 de noviembre de 2004 Seguer Habitatges SA ejercita una acción de rescisión por lesión *ultradimidium* con apoyo en el art. 321 de la Compilación de Derecho civil catalán. ¿Tendrá éxito la demanda? Véase la STSJ Cataluña del 10 de septiembre de 2007, RJ 2009/642.

8. Comenta la sentencia del Tribunal Superior de Justicia de Cataluña del 10/9/2008, JUR/2008/15990. Puedes utilizar para ello el artículo siguiente: AMAT LLARI, M. E., «Compravenda civil, compravenda mercantil y rescissió per lesió *ultradimidium*», *Revista jurídica de Catalunya*, n.º 3, 2008, pp. 705-730.

9. Claudio, Blanca, Marina y Ángela, los tres primeros propietarios y la última usufructuaria de una finca situada en Sant Martí de Vinyoles, municipio de Les Lloses, instan la resolución del contrato de arrendamiento que, desde el año 1984, mantienen con la cooperativa Els Vianants sobre la finca mencionada. Alegan que el objeto del arrendamiento se ha transformado mediante la explotación en la finca de una industria de turismo rural y actividades anexas, y por haberse introducido a la entidad mercantil Els Vianants SL como arrendataria sin su consentimiento. Por ello, demandan a la Associació cultural Els Vianants (sucesora de la cooperativa que se disolvió legalmente en 1988) y a la entidad Els Vianants SL. El contrato original era de carácter verbal, y se discute si se trataba de un arrendamiento rústico, pues su primera finalidad fue llevar a cabo el aprovechamiento agrícola y ganadero de la finca. ¿Conseguirán resolver el contrato y recuperar la propiedad de la finca? Véase la SAP Gerona del 25 de octubre de 2007, JUR 2008/78654.

a. Fija claramente las posiciones enfrentadas de las partes: quién es el demandante, quién es el demandado y la causa de pedir.

Demandante: Claudio, Blanca, Marina y Ángela.

Demandado: Associació cultural Els Vianants y Els Vianants SL (sucesoras de la cooperativa Els Vianants que se disolvió legalmente en 1988)

Responsabilidad contractual, resolución de un contrato de arrendamiento.

b. Delimita el problema: los hechos. Explica el camino procesal: ¿qué sucede en las diversas instancias?

El problema es la transformación del objeto del contrato.

Camino procesal:

— 1.ª Instancia (juzgado): Gana Els Vianants.

— 2.ª Instancia (apelación): Ganan los hermanos.

c. Recoge la norma o normas y los argumentos que se discuten principalmente en el caso, y en las que se apoyan las partes.

Arts. 1, 32, 114, 117 LAU.

Art. 1543 CC.

d. Explica el fallo de la sentencia. ¿Cuál fue la decisión del tribunal y cuál su fundamento jurídico? ¿Cuáles son los motivos fundamentales que justifican aquella?

Fallo a favor de los hermanos.

La razón es que se ha modificado el objeto del contrato de arrendamiento sin el consentimiento del propietario, sin ni siquiera notificación.

2.2. Convención de Viena sobre compraventa internacional de mercaderías

10. La sociedad Americana Juice Import SA compra a Cherubino Valsangiacomo SA mosto. Celebran un contrato de compraventa en el que incluyen la cláusula *ex factory* y pactan retiradas escalonadas del producto, entre octubre de 1997 y febrero de 1998. El plazo para la puesta a disposición y posterior retirada de la primera entrega se fijó a finales de octubre de 1997, pero la compradora retiró la mercancía con retraso y en un transporte sin la refrigeración adecuada. Cuando la mercancía llegó a su destino el mosto era inservible, presentaba una notable pérdida en la intensidad del color, y por eso la compradora Americana Juice Import SA se niega a pagar el 70 % del precio que todavía no ha satisfecho. ¿Puede hacer algo Cherubino? Véase la STS del 9/12/2008, RJ 2009/15.

a. Fija claramente las posiciones enfrentadas de las partes: quién es el demandante, quién es el demandado y la causa de pedir.

Demandante: Cherubino Valsangiacomo SA.

Demandado: Americana Juice Import Inc.

Responsabilidad contractual. Resolución del contrato por incumplimiento: Cherubino solicita una indemnización de 46 952 159 pta a compensar con otra deuda de 29 400 000 pta El demandado demanda a su vez al demandante y se acumulan los autos.

b. Delimita el problema: los hechos. Explica el camino procesal: ¿qué sucede en las diversas instancias?

La discrepancia litigiosa se concreta en cuál de las partes incurrió en incumplimiento contractual, pues mientras que la compradora considera que el defecto de intensidad de color respecto al pactado del mosto se produjo en el proceso de elaboración, la entidad vendedora lo atribuye al transcurso del tiempo y a la utilización de un medio inadecuado de transporte.

Camino procesal:

— 1.ª Instancia (juzgado): Estima la demanda de Cherubino y resuelve el contrato, 17 552 158 pta a su favor.

— 2.ª Instancia (apelación): Confirma la S. 1.ª Instancia pero deduciendo el importe que Cherubino obtuvo por la venta a terceros del mosto no retirado por Americana.

— TS: No ha lugar al recurso; gana Cherubino.

c. Recoge la norma o normas y los argumentos que se discuten principalmente en el caso, y en las que se apoyan las partes.

Incoterm Ex Works, Ex Factory, Ex Warehouse.

Art. 33 CViena: El plazo pactado en el contrato se fijó a favor de Americana. Aunque se hubiese fijado a favor de Cherubino, esta estaba obligada a notificar la puesta a disposición. No ha habido incumplimiento por parte de Americana, sino utilización de las facultades conferidas por el contrato.

Art. 34 CViena: El vendedor, si estuviere obligado a entregar documentos relacionados con las mercaderías, deberá entregarlos en el momento, lugar y forma fijados por el contrato.

El dato del color de la mercancía era un elemento esencial del contrato, y no se menciona en el certificado de laboratorio. Con ello incurre Cherubino en mala fe, intento de ocultar la realidad.

Arts. 40 y 44 CViena: El comprador perderá el derecho a invocar la falta de conformidad con las mercaderías si no lo comunica al vendedor, especificando su naturaleza, dentro de un plazo razonable a partir del momento en que la haya o debiera haberlo descubierto. El vendedor no podrá invocar las disposiciones de los arts. 38 y 39 CViena si la falta de conformidad se refiere a hechos que conocía o no podía ignorar y que no haya revelado el comprador.

d. Explica el fallo de la sentencia. ¿Cuál fue la decisión del tribunal y cuál su fundamento jurídico? ¿Cuáles son los motivos fundamentales que justifican aquella?

Fallo a favor de Cherubino.

Las razones son:

— La materia prima no era de mala calidad ni hubo actuación incorrecta en el complejo proceso de elaboración del mosto, le correspondía a Americana probar el defecto en el momento de la entrega (puesta a disposición), al no hacerlo debe asumir el riesgo de la pérdida de color, tanto si fue debido al retraso en la recepción del producto como si lo fue a la forma de transporte.

— Conforme al Incoterm EXW, Ex Factory, el vendedor ha cumplido su obligación de entregar al poner la mercadería en su fábrica o taller a disposición del comprador; no es responsable de cargar la mercadería en el vehículo. El comprador soporta todos los gastos y riesgos de retirar la mercadería desde el domicilio del vendedor hasta su destino.

— El plazo para la puesta a disposición de la mercancía era finales de octubre, la compradora se demoró y no dispuso el transporte adecuado.

— La transmisión de los riesgos en la compraventa internacional con cláusula Ex Factory se produce desde la puesta a disposición por el vendedor y tal puesta a disposición no se identifica con la entrega material, sino con la disponibilidad por el comprador. Si la mercancía reunía las condiciones de idoneidad en el momento de la puesta a disposición y el vicio se produjo por el retraso en hacerse cargo el comprador y el defectuoso medio de transporte utilizado, no cabe apreciar incumplimiento alguno en el vendedor.

— La adecuación de la documentación aportada por Cherubino al condicionado de la carta de crédito determinó que el Texas State Bank le abonara, en nombre de Americana, el 30 % del precio, conforme a lo pactado. La falta del dato de la coloración en el certificado no tiene relevancia porque la compradora pudo efectuar la comprobación al tiempo de recibir la mercancía. No necesitaba esperar a la recepción en su establecimiento.

— Se declara probado que la mercancía padece perdiendo intensidad de color por el transcurso del tiempo y transporte inadecuado. La entidad compradora se demoró y usó tanques no aptos, por lo tanto, carece de sustento razonable trasladar el debate a si la reclamación efectuada tuvo lugar o no en un plazo razonable. La carga de la prueba de que la mercancía padecía de defecto de color en origen incumbía a la compradora, que pudo y debió haber hecho entonces la comprobación.

11. La empresa Cerámica Tudelana SA compró a la empresa alemana Wassmer Gruppe Spezialmaschinen GmbH una máquina de rectificado de ladrillos el 21 de julio de 2000. Pero a las pocas semanas la máquina en cuestión empezó a fallar. Los ladrillos salían rotos en un alto porcentaje. Entonces demandó a la empresa vendedora (Wassmer Gruppe) ante el Juzgado de 1.ª Instancia n.º 3 de Tudela,

solicitando la resolución del contrato, 467 450 €, y la retirada de la maquinaria instalada, además de pedir las costas del proceso. Los alemanes en su defensa alegan dos motivos fundamentales. Primero, la máquina no funciona mal; los ladrillos se rompen porque la materia prima (el barro) con el que se fabrican es de muy mala calidad y, segundo, en el contrato de compraventa que firmaron con los españoles se hacía referencia a un clausulado de condiciones generales en el cual se atribuía la competencia a la jurisdicción alemana para resolver los posibles litigios que derivasen del contrato. ¿A quién le dará la razón el tribunal? Véase la STS del 20/7/2011, RJ 2011/6139.

a. Fija claramente las posiciones enfrentadas de las partes: quién es el demandante, quién es el demandado y la causa de pedir.

Demandante: Cerámica Tudelana SA.

Demandado: Wassmer Gruppe Spezialmaschinen GmbH.

Responsabilidad contractual: el demandante pide la resolución del contrato de compraventa de máquina rectificadora de ladrillos del 21/7/2000 y 467 450 € más la retirada de la instalación. El demandado plantea reconvención, no resolver contrato y reclama 151 212,17 €.

b. Delimita el problema: los hechos. Explica el camino procesal: ¿qué sucede en las diversas instancias?

Camino procesal:

— 1.ª Instancia (juzgado): Estima la demanda de Cerámica Tudelana SA y resuelve el contrato, 467 450 € a su favor. Además se condena a los alemanes a retirar la maquinaria y pagar las costas.

— 2.ª Instancia (apelación): Confirma la sentencia de 1.ª I. pero elimina costas e intereses.

— TS: Decreta la nulidad de actuaciones con reposición de las mismas al momento procesal de la 1.ª Instancia de designación de peritos.

c. Recoge la norma o normas y los argumentos que se discuten principalmente en el caso, y en las que se apoyan las partes.

Arts. 1101, 1104 y 1108 CC.

Arts. 8, 25, 26, 35, 38, 46, 82 y 85 CViena.

Arts. 54.2, 53, 63 y ss. LEC: falta de competencia de la jurisdicción española por la existencia en el contrato de una cláusula de sumisión expresa a los tribunales alemanes.

Alegan los alemanes que en la fase de admisión de la prueba pericial se produjo indefensión, se vulneró el principio de igualdad de armas procesales al privarles del derecho a recusar peritos y también la norma de que las pruebas periciales deben practicarse por especialistas en la materia.

d. Explica el fallo de la sentencia. ¿Cuál fue la decisión del tribunal y cuál su fundamento jurídico? ¿Cuáles son los motivos fundamentales que justifican aquella?

Fallo a favor de los alemanes, en parte, porque ordena que se repita el juicio desde el momento de la prueba pericial de 1.ª Instancia.

Las razones son:

— La jurisdicción española sí es competente porque la cláusula de sumisión es abusiva: formaba parte de unas condiciones generales impuestas unilateralmente por Wassmer y estaba impresa con letra diminuta y en idioma alemán en todas las hojas del contrato. Además, la versión española no contiene esa remisión expresa, no existe constancia de que Cerámica tudelana hubiese prestado su consentimiento. Por ello carece de validez el acuerdo atributivo de competencia.

— No se considera acreditado el consentimiento de los españoles, que solo firmaron la versión en castellano del contrato, no la escrita en idioma alemán. Y en la versión española no hay sumisión. El acuerdo de sumisión requiere pleno conocimiento y claridad expresiva.

— Los dos peritos que se admitieron en el juicio habían sido propuestos por Cerámica Tudelana. No se atendió a la lista que presentó Wassmer, alegando falta de especialidad pericial solo para los peritos de los alemanes. Por eso se debe volver a designar peritos.

12. Las empresas holandesas Achmea Schadeverzekeringen NV y Hoogendijk Import Export BV demandan a la empresa Blue Marine Fish International SL por incumplimiento esencial del contrato de compraventa de 2500 cajas de filetes de bacalao congelado tipo Pacific, al encontrarse en mal estado la mercancía vendida. Le reclaman el precio de la mercancía estropeada. En el juicio resultó plenamente acreditado que la partida de bacalao fue adquirida por Blue Marine, y, tras obtener el 8 de septiembre de 2006 los certificados sanitarios de las autoridades chinas, fue transportada desde el puerto de Dalian (China) hasta Róterdam, donde llegó el 21 de octubre de 2006. En el certificado sanitario de origen se hace constar que la temperatura requerida de almacenamiento y transporte es de −18 ºC. En diciembre del mismo año Blue Marine vendió la mercancía a Hoogendijk por 90 750 €, que pagó la compradora. El 23 de enero de 2007, cuando se procedió a levantar el contenedor de la terminal, se comprobó que salía agua de su interior, por lo que fue sometido a inspección, tras la cual se dictaminó el mal estado de la partida, que fue rechazada y se destruyó. Según se desprende del informe pericial que se aportó al juicio la unidad de refrigeración había estado funcionando bien hasta el 21 o 22 de octubre de 2006, fecha en que el contenedor se encontraba ya en Róterdam, cuando

el suministro eléctrico de la unidad de refrigeración se paró. ¿Tendrá éxito la demanda? Véase la SAP de Pontevedra de 6 de octubre de 2014, JUR/2014/277758.

a. Fija claramente las posiciones enfrentadas de las partes: quién es el demandante, quién es el demandado y la causa de pedir.

Demandante: Achhea Schadeverzekeringen NV (aseguradora) y Hoogendijk Import Export BV (compradora).

Demandado: Bluemarine Fish International SL (vendedora).

Responsabilidad contractual. Cumplimiento defectuoso, mercancía en mal estado en una compraventa; se pide la devolución del precio, 92 447,38 €. La demandada se defiende alegando falta de jurisdicción por sumisión a arbitraje y falta de legitimación de la aseguradora.

b. Delimita el problema: los hechos. Explica el camino procesal: ¿qué sucede en las diversas instancias?

Camino procesal:

— 1.ª Instancia (juzgado): Estima la demanda de Achhea Schadeverzekeringen NV (aseguradora) y Hoogendijk Import Export BV (compradora) y condena a Blue Marine Fish International SL a pagarles 92 447,38 y 5 187,08 € + intereses, respectivamente.

— 2.ª Instancia (apelación): Confirma la sentencia de 1.ª Instancia, ganan Achhea Schadeverzekeringen NV (aseguradora) y Hoogendijk Import Export BV (compradora).

c. Recoge la norma o normas y los argumentos que se discuten principalmente en el caso, y en las que se apoyan las partes.

Falta de jurisdicción por sumisión a arbitraje. Se aporta factura de Blue Marine.

Art. 43 LCS, falta de legitimación activa de la aseguradora.

Inexistencia de riesgo, pues la mercancía ya estaba podrida cuando se firmó el seguro.

Art. 68 CViena, venta en tránsito.

Venta C&F, incoterm CIF.

Arts. 25, 35, 36, 66 del CViena, incumplimiento esencial.

Art. 1103 CC, moderación de la responsabilidad.

d. Explica el fallo de la sentencia. ¿Cuál fue la decisión del tribunal y cuál su fundamento jurídico? ¿Cuáles son los motivos fundamentales que justifican aquella?

Fallo a favor de la compradora y la aseguradora; Achmea Schadeverzekeringen NV y Hoogendijk Import Export BV.

Motivos:

— La sumisión a arbitraje no es válida. Debe existir una voluntad clara de ambos contratantes en tal sentido, y no concurre en este caso.

— El art. 43 LCS permite a la aseguradora subrogarse en el lugar de su asegurada, si tiene legitimación activa en este pleito. Resulta probado que tenían concertado un seguro de transporte, y con apoyo en él se indemnizó con 92 447,38 €. La interpretación que hicieron aseguradora y asegurada del contrato dio lugar a que se considerase que el siniestro sí era objeto de cobertura, razón por la cual se le indemnizó. No cabe impugnarse por un tercero la interpretación que de un contrato han hecho los obligados al mismo.

— Inexistencia de riesgo: el riesgo existía al desconocer tanto la aseguradora como la asegurada que la mercancía ya estaba estropeada.

— Hoogendijk no puede reclamar la totalidad de la indemnización solicitada en la demanda porque conllevaría un enriquecimiento injusto.

— Venta en tránsito: según el art. 68 CViena, el riesgo de pérdida de la mercancía lo asume el comprador. Se trata de una venta CIF, y ello supone que se transmite el riesgo al comprador desde el momento en que la mercancía se entrega en el puerto de origen. No consta conocimiento por parte de Hoogendijk de dicha cláusula. La pérdida de la cosa no se produjo tras iniciarse el transporte, sino una vez que la mercancía había sido descargada en el puerto.

— Cuando se efectuó la venta ya presentaba los vicios que la hacían inhábil para el consumo humano y así resulta de aplicación el art. 25 CViena; nos encontramos ante un incumplimiento esencial.

— Art. 68 CViena: «Sin embargo, si en el momento de la celebración del contrato de compraventa el vendedor tuviera o debiera de haber tenido conocimiento de que las mercaderías habían sufrido pérdida o deterioro y no lo hubiera revelado al comprador, el riesgo de pérdida será de cuenta del vendedor.»

— Aun en el supuesto de que nos encontrásemos ante una venta en tránsito, el riesgo sería del vendedor, ya que podría haber tenido conocimiento del problema si hubiese desplegado una mínima diligencia en la comprobación de que el sistema de refrigeración funcionaba, ya que se presume que la mercancía se vende en estado correcto para el consumo humano.

— Art. 1103 CC, moderación de la responsabilidad: no procede. Cuando se vendió la mercancía ya se encontraba en mal estado, lo que es imputable en todo caso a la vendedora, sin que quepa imputar negligencia alguna a la compradora.

13. La entidad Gestora de Productos Agropecuarios SL (en adelante GAP) tiene como actividad comercial la intermediación en la compraventa de cereal. El 17 de junio de 2008 extendió una minuta por una venta de 9000 toneladas de trigo forrajero, a 195 €/tonelada. La vendedora es Soufflet Negoce SA, y la compradora Alto Ebro Sociedad Cooperativa. El puerto de origen era el de Tarragona, y se ordenaban cinco entregas. La minuta contiene un apartado con la siguiente mención: «10 días de plancha libres. Operación sujeta a la aceptación de COFACE.» El 21 de julio la aseguradora Coface aceptó cubrir el riesgo de esa operación de venta únicamente hasta 150 000 €, de los 780 000 en que consistía. El 18 de agosto Soufflet puso a disposición de Alto Ebro la primera entrega en el puerto de Tarragona. A esta siguieron otras dos, y ninguna de ellas fue recogida por Alto Ebro. Soufflet ejercitó una acción de incumplimiento contractual contra Alto Ebro y reclamó los daños y perjuicios sufridos, que consistían en la diferencia entre el precio acordado y el efectivamente conseguido por la reventa *in extremis* a otro comprador, más los gastos de almacenamiento y coste de la financiación a un 5,5 %, así como, respecto al resto del trigo contratado y no revendido, la diferencia entre el precio pactado y el que operaba en el mercado al tiempo de la resolución del contrato, en octubre de 2008. La indemnización se cifró en 483 630,09 €. ¿Tendrá éxito en su demanda? Véase la STS del 1/7/2013, RJ/2013/5190.

a. Fija claramente las posiciones enfrentadas de las partes: quién es el demandante, quién es el demandado y la causa de pedir.

Demandante: Soufflet Negoce SA, vendedora del cereal.

Demandado: Alto Ebro Sociedad Cooperativa, compradora del cereal.

b. Delimita el problema: los hechos. Explica el camino procesal: ¿qué sucede en las diversas instancias?

Responsabilidad contractual, se pide la resolución del contrato y 483 630,09 €, como indemnización por el daño emergente y lucro cesante que la resolución del contrato le ha causado. Para calcular la indemnización se han tenido en cuenta la venta de reemplazo que hicieron (diferencia entre el precio pactado y el que obtuvo con la reventa) y los gastos de almacenamiento.

El demandado contesta alegando que se trata de una compraventa sometida a la condición suspensiva de aseguramiento por Coface, que no llegó a cumplirse. El contrato no llegó a formalizarse, no fue firmado por la compradora, sin que la minuta de GAP sea suficiente para entender que Alto Ebro hubiese prestado su consentimiento, ni expresa ni tácitamente.

Camino procesal:

— 1.ª Instancia (juzgado): Desestima la demanda, pierde Soufflet.

— 2.ª Instancia (apelación): Desestima la demanda, vuelve a perder Soufflet.

— TS: Ha lugar al recurso, gana Soufflet 471 219,95 €.

c. Recoge la norma o normas y los argumentos que se discuten principalmente en el caso, y en las que se apoyan las partes.

Arts. 1, 4 y 9 CViena sobre vinculación de usos comerciales aplicables a la formación y perfección de los contratos.

Arts. 7 y 8 CViena sobre interpretación de los contratos.

Art. 11 CViena.

Art. 55 Ccom.

Arts. 1254, 1255, 1256 y 1258 CC.

Arts. 1281 y 1282 CC.

Arts. 61 a) y 64 b) CViena, sobre indemnizaciones.

d. Explica el fallo de la sentencia. ¿Cuál fue la decisión del tribunal y cuál su fundamento jurídico? ¿Cuáles son los motivos fundamentales que justifican aquella?

Fallo a favor de la empresa francesa, Soufflet.

Motivos:

— La CViena resulta plenamente aplicable, según el art. 1 a), la compradora y la vendedora tienen sus establecimientos en Estados diferentes (España y Francia) y ambos son Estados contratantes.

— El contrato sí se perfeccionó. Libertad de forma en la contratación, tanto en el Derecho internacional (art. 11 CViena) como en el Derecho interno (art. 1278 CC).

— Se acreditó suficientemente la existencia del contrato a través de la minuta del intermediario.

— Aplicación válida de los usos del sector (art. 9.2 CViena).

— Las indemnizaciones que se piden son correctas: compra de reemplazo, art. 75 CViena.

— No queda suficientemente acreditado el coste de la financiación, indemnización final ligeramente inferior a la solicitada.

14. La empresa Kingfisher Seafoods limited demanda a la sociedad Comercial Eloy Rocío Mar SL ante el Juzgado de 1.ª Instancia de Cambados (Pontevedra). Le reclama el pago de varias facturas referentes a la compraventa de buey de mar cocido y congelado y de berberechos. La sociedad demandada alega el mal estado de la mercancía para rechazar el pago. La sentencia de 1.ª Instancia estima parcialmente la demanda: deja fuera las facturas n.ºs 50 034, 50 138 y 50 170, que hacen referencia a la remisión y entrega de buey de mar cocido y congelado, cuya recepción por la demandada está acreditada en las fechas 3 de octubre de 2005, 5 de diciembre de 2005 y 20 de diciembre del mismo año. El rechazo de la reclamación se basa esencialmente en la inhabilidad del producto para el consumo

humano al no cumplir la norma microbiológica, considerando que el mal estado de la mercancía es imputable a la empresa demandante, antes o al momento de proceder a su envasado al vacío. Al tratarse de un supuesto no de vicio oculto, sino de clara inhabilidad del producto para consumo humano, fue denunciado en un plazo razonable. Esta sentencia se recurre ante la AP de Pontevedra. Hay que tener en consideración los siguientes hechos: desde el primer envío transcurrieron más de cuatro meses, desde el segundo más de dos y desde el tercero un mes y veinte días, hasta que se aprecia el mal estado del buey de mar por parte de un inspector de la Consellería de Sanidade, los días 9 y 10 de febrero de 2006. Y aún se tarda un mes más en notificar el problema a Kingfisher. ¿Puede rechazar el pago de esa mercancía en mal estado la compradora o debe pagar todo ese pescado a la vendedora? Véase la SAP de Pontevedra del 19/12/2007, JUR/2008/81370.

a. Fija claramente las posiciones enfrentadas de las partes: quién es el demandante, quién es el demandado y la causa de pedir.

Demandante: Kingfisher Seafoods Ltd.

Demandado: Comercial Eloy Rocío Mar SL.

b. Delimita el problema: los hechos. Explica el camino procesal: ¿qué sucede en las diversas instancias?

Acción de cumplimiento contractual, se reclama el precio de compraventa de buey cocido y congelado y berberechos.

El demandado alega la inhabilidad del producto para el consumo humano, el incumplimiento de la norma microbiológica. Mal estado de la mercancía que, según él, es imputable al demandante. Además, entiende que la denuncia del defecto se llevó a cabo dentro de un plazo razonable según los arts. 38 y 39 CViena.

Camino procesal:

— 1.ª Instancia (juzgado): Estima parcialmente la demanda: deja fuera algunas facturas.

— 2.ª Instancia (apelación): Estima la demanda en su totalidad, se incluyen todas las facturas de buey cocido y congelado y de berberechos. Se condena a Comercial Eloy Rocío Mar a pagar 129 822 € + intereses.

c. Recoge la norma o normas y los argumentos que se discuten principalmente en el caso, y en las que se apoyan las partes.

Argumentos que usan los demandados para defenderse:

— Arts. 2, 7.2, 38 y 39 CViena, de donde se desprenden dos obligaciones esenciales del comprador, como son: el examen de las mercaderías en el plazo más breve posible y, descubierto en dicho examen algún defecto que provoque la falta de conformidad, comunicarlo al vendedor dentro de un plazo razonable.

— No se trata de un contrato de compraventa, sino de suministro.

— Falta de legitimación activa para la reclamación de esas facturas, ya que fueron firmadas por el mismo administrador, pero como representante de otra sociedad.

— Art. 1256 CC.

d. Explica el fallo de la sentencia. ¿Cuál fue la decisión del tribunal y cuál su fundamento jurídico? ¿Cuáles son los motivos fundamentales que justifican aquella?

Fallo a favor de Kingfisher Seafoods Ltd.

Motivos:

— Se trata de mercancías perecederas, por ir destinadas al consumo humano han de realizarse los cuidados y las comprobaciones con mayor diligencia si cabe.

— Desde el primer envío han transcurrido cuatro meses, dos desde el segundo y un mes y veinte días desde el tercero. Hasta que el inspector descubre el problema. La demandada aún tarda un mes más en comunicar el problema a la demandante.

— La comprobación del estado de la mercancía, si se hubiese querido, era muy simple. En otras ocasiones la demandada había hecho la reclamación en cuestión de días y se había solventado sin problemas, mediante la emisión de una nota de crédito por el valor de la mercancía en mal estado.

— Debe concluirse que el tiempo transcurrido hasta la manifestación de la falta de conformidad excede de lo que puede considerarse un plazo razonable según el art. 39 CViena.

— La fijación de un plazo razonable obedece a razones de seguridad jurídica, no puede usarse para mantener las relaciones comerciales en una indefinición que permita su cuestionamiento y resolución en plazos dilatados con grave perjuicio para los operadores económicos. El art. 39 CViena no es óbice para que, atendiendo a las circunstancias, se valore si la reclamación se hace en plazo razonable

— Se duda del momento en que se produjo el perjuicio de la mercancía, ya que su carácter perecedero y el cuidado con que debe ser tratada deben mantenerse siempre, y su desatención en cualquier punto del camino pudo estropearla.

2.3. Contratación electrónica

15. La empresa Planificación, Cooperación y Desarrollo SL (PCD en adelante) compra en la página web de El Corte Inglés 15 ordenadores portátiles de la marca

Compaq 9, modelo 21EE: primero 8 y al día siguiente 7 más, por un precio global de 288 € (36 € por unidad). PCD recibe un correo electrónico en confirmación del pedido de los primeros 8 ordenadores, no de los otros 7, porque el segundo pedido no fue registrado por la configuración dada a las herramientas informáticas de la página web del Corte Inglés, que no registraban los pedidos sucesivos realizados desde una misma terminal. El precio fue automáticamente cargado en la tarjeta de crédito de PCD. Cuando PCD reclama la entrega, El Corte Inglés se la niega, alegando un error tipográfico en la página web: en lugar de 36 € debería aparecer 369 euros por unidad. Sin embargo, PCD entiende que sí se ha producido la perfección del contrato, y reclama judicialmente la entrega de las máquinas. Lee la SAP de Sevilla del 17/9/2010, JUR/2011/72603.

a. Fija claramente las posiciones enfrentadas de las partes: quién es el demandante, quién es el demandado y la causa de pedir.

Demandante: PCD (compradora de los 15 ordenadores).

Demandado: El Corte Inglés SA (vendedora).

Acción de cumplimiento contractual, pidiendo la entrega de 15 ordenadores.

El demandado contesta:

— No se produjo su prestación de consentimiento.

— No hay contrato perfeccionado ni en los 8 primeros ordenadores.

— Actúa el demandante contra la buena fe.

— Abuso de derecho.

b. Delimita el problema: los hechos. Explica el camino procesal: ¿qué sucede en las diversas instancias?

Camino procesal:

— 1.ª Instancia (juzgado): Estima parcialmente la demanda: se entiende perfeccionado el contrato de compraventa respecto a los 8 primeros ordenadores, al precio que indicaba la página web, no de los 7 segundos.

— 2.ª Instancia (apelación): Gana totalmente PCD. Se condena a El Corte Inglés a entregar los 15 ordenadores al precio pactado en su página web.

c. Recoge la norma o normas y los argumentos que se discuten principalmente en el caso, y en las que se apoyan las partes.

Arts. 1450 y 1262 CC.

Arts. 23.2 y 28 LSSI.

Abuso de derecho. Art. 7 CC.

d. Explica el fallo de la sentencia. ¿Cuál fue la decisión del tribunal y cuál su fundamento jurídico? ¿Cuáles son los motivos fundamentales que justifican aquella?

Fallo a favor de PCD.

Motivos:

— Sí que existe perfección del contrato, se aplica el art. 1262 CC y la LSSI.

— En cuanto al error, reconoce el Tribunal que es un supuesto fronterizo, pero:

— La acción está mal interpuesta, si se alega error invalidante debería haberse interpuesto una acción de anulación del contrato, siquiera en vía reconvencional.

— La buena fe se presume, las alegaciones de El Corte Inglés son meras elucubraciones inaceptables.

— No hay abuso de derecho.

16. El 6 de noviembre de 2009 por medio de la tienda virtual <www.redcoon.es> cuyo proveedor es la mercantil Redcoon Electronic Trade SL, Benito realizó un pedido de dos ordenadores portátiles Mac Apple MacBook por importe de 67,97 €. El día 9 del mismo mes la vendedora se puso en contacto telefónico con Benito indicándole que existió un error en el precio publicado de los productos que compró, ya que su precio era superior, negándose a tramitar el pedido. El comprador expresó su deseo de que el pedido fuera tramitado conforme a las condiciones pactadas. Véase la sentencia del Juzgado de Primera Instancia de Badalona del 8 de junio de 2010, AC 2011/1442.

a. Fija claramente las posiciones enfrentadas de las partes: quién es el demandante, quién es el demandado y la causa de pedir.

Demandante: Benito (comprador de los 2 portátiles).

Demandado: Redcoon Electronic Trade SL (vendedora).

b. Delimita el problema: los hechos. Explica el camino procesal: ¿qué sucede en las diversas instancias?

Responsabilidad contractual. Acción de cumplimiento contractual, solicitando la entrega de 2 ordenadores.

Contestación del demandado:

— Telefonearon a Benito 3 días después comunicándole que era un error, y también se lo comunicaron por correo electrónico, ya que su precio era superior, más de 100 €.

— La LDCYU no ampara lucrarse de un error.

— El actor no es un consumidor; tiene finalidad lucrativa.

— El actor no ha pagado el precio; no puede pedir el cumplimiento del contrato.

Camino procesal:

— 1.ª Instancia (juzgado): Gana Redcoon Electronic Trade SL.

c. Recoge la norma o normas y los argumentos que se discuten principalmente en el caso, y en las que se apoyan las partes.

Art. 3 LGDCYU.

Arts. 23 y 28 LSSI.

Arts. 1450 y 1262 CC.

Art. 7 CC. Abuso de derecho.

d. Explica el fallo de la sentencia. ¿Cuál fue la decisión del tribunal y cuál su fundamento jurídico? ¿Cuáles son los motivos fundamentales que justifican aquella?

Fallo a favor de Redcoon.

Motivos:

— Sí que existe perfección del contrato; se aplica el art. 1262 CC y la LSSI.

— Pero hay abuso de derecho, atendido el precio ridículo por el cual Benito pretende adquirir los ordenadores, resulta evidente que, consciente de ello, se está aprovechando del error manifiesto sufrido por el oferente, y dicha pretensión no puede ser amparada por los tribunales, arts. 7 CC y 11.2 LOPJ.

17. El día 13 de enero del año 2005, Óscar reserva por Internet, en la página web <http://www.hotelmiradoribiza.com> una habitación doble estándar, en el Hotel Mirador de Ibiza. Anticipa para ello 137,50 € a la empresa propietaria del hotel, Dalt Vila Turística SL, quedando pendiente el pago de 451 €. A la llegada al hotel el día previsto, Óscar se encuentra con una habitación que no reunía las características prometidas en Internet: la habitación tenía solo 8 m², sin armario donde colgar la ropa ni estanterías ni portamaletas ni TV. Además, el restaurante y el bar se encontraban cerrados y no se ofrecían servicios de comedor por obras de reforma en el interior. En tal situación, el cliente decide pasar únicamente una noche en el hotel. Deja el anticipo a modo de pago y se marcha. El hotel le carga después en la tarjeta de crédito el importe completo de la estancia. Óscar interpone la correspondiente demanda contra la empresa Dalt Vila Turística SL para recuperar el dinero. ¿Tendrá éxito? Véase la SAP de las Islas Baleares del 25 de mayo de 2006, JUR/2006/236510.

a. Fija claramente las posiciones enfrentadas de las partes: quién es el demandante, quién es el demandado y la causa de pedir.

Demandante: Óscar.

Demandado: Dalt Villa Turística SL.

Responsabilidad contractual. Resolución contractual, el demandante pretende recuperar el precio cobrado, 451 € + intereses.

b. Delimita el problema: los hechos. Explica el camino procesal: ¿qué sucede en las diversas instancias?

Camino procesal:

— 1.ª Instancia (juzgado): Estima la demanda, gana Óscar.

— 2.ª Instancia (apelación): Confirma la sentencia del juzgado, gana Óscar.

c. Recoge la norma o normas y los argumentos que se discuten principalmente en el caso, y en las que se apoyan las partes.

Art. 1124 CC.

Art. 8 LGDCYU.

d. Explica el fallo de la sentencia. ¿Cuál fue la decisión del tribunal y cuál su fundamento jurídico? ¿Cuáles son los motivos fundamentales que justifican aquella?

Fallo a favor de Óscar.

Motivos:

— Constituye un claro supuesto de publicidad engañosa que induce a error respecto a lo realmente contratado.

— El hotel no cumplía con las condiciones que ofertaba en Internet; las habitaciones eran más pequeñas de lo que la categoría del hotel implicaba, sin estantes, sin servicios…

— Art. 61 LGDCYU, integración de la publicidad en el contrato.

— Procede la resolución del contrato aplicando el art. 1124 CC. Le permite recuperar lo pagado y además una indemnización por daños.

2.4. Mediación o corretaje

18. El 1 de septiembre de 1996, Sauer International Investment SL y Hotelera Padrón SA suscribieron un contrato denominado «de exclusiva de ventas» por el cual la primera recibía el encargo exclusivo de mediar en la venta de 89 apartamentos del ala privada del complejo hotelero propiedad de la hotelera a cambio de una comisión del 10 % sobre el precio. Hasta comienzos del año 2001 el contrato se desarrolló con normalidad, permitiendo las gestiones de Sauer la venta de 74 de los 89 apartamentos del complejo, momento en que la propietaria dejó de satisfacer la contraprestación pactada. Tras fracasar la vía extrajudicial, Sauer procedió a reclamar judicialmente la deuda, obteniendo en primera instancia sentencia del 29 de junio de 2002, íntegramente estimatoria de su pretensión en el Juzgado de 1.ª Instancia n.º 6 de Marbella. El 25 de septiembre de 2001, mientras se tramitaba el procedimiento mencionado, Hotelera Padrón SA remitió una carta a Sauer en la que manifestaba su voluntad de proceder a comercializar y vender los apartamentos del ala privada del Kempinski Resort Hotel Estepona, directamente y a través de terceras personas, prescindiendo totalmente de los servicios de Sauer International Investment SL a la que ofrecía una comisión del 5 % (en lugar del 10 % pactado, previa deducción de los gastos de publicidad, carteles y material de

venta) para el caso de que no formulara objeción alguna. Sauer entendió la anterior comunicación como una resolución contractual injustificada, vulneradora de la cláusula de exclusividad, y decidió enviar a la contraparte una carta por conducto notarial (del 5 de noviembre de 2001) por la que, imputándole un grave, pertinaz y deliberado incumplimiento, daba por resuelto el referido contrato, anunciando una ulterior reclamación judicial de daños y perjuicios. El 19 de septiembre de 2002, Sauer International Investment SL demandó a Hotelera Padrón SA con el fin de que se declarase ajustada a derecho la resolución del contrato y de reclamar 754 080 € como indemnización por los perjuicios ligados al incumplimiento de la contraparte, en particular por el lucro cesante consistente en el importe de las comisiones correspondientes a los 15 apartamentos que restaban por vender (a razón del 10 % del precio de venta al público de cada piso según lista de precios ofrecida por la propia mandante). La hotelera se opuso a la demanda aduciendo, en resumen, que ante el previo incumplimiento contractual de Sauer, solo había intentado encontrar una solución que le permitiera vender los apartamentos restantes, ofreciendo la compensación a que alude el documento del 25 de septiembre de 2001 como novación de la relación jurídica, de forma que, aunque decidió prescindir de los servicios de la actora, no era su voluntad dejar de abonarle la contraprestación comprometida, siendo la actora la que interpretó ese intento de novación como una resolución injustificada a la que respondió con su propia resolución. ¿Debe Hotelera Padrón pagar a Sauer esas comisiones? Véase la STS del 15/11/2010, RJ/2010/8874.

a. Fija claramente las posiciones enfrentadas de las partes: quién es el demandante, quién es el demandado y la causa de pedir.

Demandante: Sauer International Investment SL (mediador).

Demandado: Hotelera Padrón SA (propietaria de los inmuebles).

Responsabilidad contractual: la demandante solicita la resolución del contrato de exclusiva de ventas del 1/9/96, y una indemnización por daños y perjuicios de 754 080 € + intereses.

b. Delimita el problema: los hechos. Explica el camino procesal: ¿qué sucede en las diversas instancias?

Camino procesal:

— 1.ª Instancia (juzgado): Estima la demanda parcialmente, gana Sauer International Investment SL:
  o Se declara resuelto el contrato por aplicación del art. 1124 CC.
  o Lo indemnizan con un 5 % de comisión por los apartamentos vendidos a través de otro intermediario, que es lo que le ofreció Hotelera Padrón SA en la carta de rescisión.

— 2.ª Instancia (apelación): Confirma la sentencia del juzgado; gana Sauer International Investment SL, parcialmente.

— TS:Casa las dos sentencias anteriores; absuelve a Hotelera Padrón SA de todos los pedimentos formulados en su contra.

c. Recoge la norma o normas y los argumentos que se discuten principalmente en el caso, y en las que se apoyan las partes.

Arts. 1091, 1106, 1124, 1157, 1166, 1169, 1255 y 1733 CC.

Arts. 1295 y 1298 Ley Hipotecaria.

Art. 279 Ccom.

d. Explica el fallo de la sentencia. ¿Cuál fue la decisión del tribunal y cuál su fundamento jurídico? ¿Cuáles son los motivos fundamentales que justifican aquella?

Fallo a favor de Hotelera Padrón SA.

Motivos:

— Aplicación analógica al contrato (que es de mediación o corretaje, aunque las partes lo denominen de otra manera) de los arts. 279 Ccom y 1733 CC, que permiten revocar el mandato o la comisión.

— Libre revocación, sin derecho a indemnización alguna.

— Contrato basado en la confianza entre las partes cuya merma es causa justificada suficiente para revocar el contrato.

19. RA & PA Gestión SL, Agencia de la Propiedad Inmobiliaria, demanda a Patricia, reclamándole 5 228,81 € en concepto de comisión por su actuación de intermediación en la venta de una finca propiedad de esta, más el IVA correspondiente. La nota de encargo es del 13 de febrero de 2002, y se pactaba una comisión del 5 % del importe final del precio de venta, 101 739,32 €. La demandada se defiende alegando que tal pacto de abono de honorarios solo se efectuó en relación con la cifra por la que se pretendió inicialmente la venta: como el precio por el que se vendió el inmueble fue al final inferior 90 151,82 €, se acordó, novándose la inicial obligación, que la comisión la pagaría íntegramente el comprador, y efectivamente lo había hecho ya. Entiende la agencia demandante que existe un uso de comercio según el cual han de pagar la comisión comprador y vendedor del inmueble. Véase la SAP Madrid del 25/10/2004, JUR 2004/299886.

a. Fija claramente las posiciones enfrentadas de las partes: quién es el demandante, quién es el demandado y la causa de pedir.

Demandante: RA & PA Gestión SL.

Demandado: Patricia.

Responsabilidad contractual. Reclamación de 5228,81 € como comisión por su intermediación en la venta de una finca.

b. Delimita el problema: los hechos. Explica el camino procesal: ¿qué sucede en las diversas instancias?

Camino procesal:

— 1.ª Instancia (juzgado): Desestima la demanda, gana Patricia.

— 2.ª Instancia (apelación): Desestima la demanda, gana Patricia.

c. Recoge la norma o normas y los argumentos que se discuten principalmente en el caso, y en las que se apoyan las partes.

Arts. 1089, 1091 y 1254 CC.

Arts. 1204 y 1205 CC.

Art. 1214 CC, derogado.

d. Explica el fallo de la sentencia. ¿Cuál fue la decisión del tribunal y cuál su fundamento jurídico? ¿Cuáles son los motivos fundamentales que justifican aquella?

Fallo a favor de Patricia.

Motivos:

— El contrato inicial fue modificado, novación.

— El comprador del inmueble, un tal Pedro Francisco, abonó 1803 € en concepto de comisión única afirmando que si hubiera habido comisión a cargo de la vendedora él no habría pagado.

— Uso de comercio no probado.

— Novación, es aplicable el art. 1205 CC, no el 1204.

— Sí que es exigible que el acreedor consienta en el cambio de deudor. Pero se entiende que existe consentimiento expreso de la demandante, que es quien emite y confecciona los documentos, y a quien habría de perjudicar la oscuridad en su contenido.

2.5. Agencia

20. Benka Genel Ithalat Ve Inracat Anonim Sirketi demanda en el Juzgado de Primera Instancia de Madrid a El Corte Inglés SA e Hipercor SA. Benka había ejercido en Turquía la profesión de agente de compras por cuenta primero de El Corte Inglés en cumplimiento de un contrato del 9 de marzo de 1982, y después de la misma sociedad e Hipercor, en cumplimiento de otro contrato del 1 de enero de 1999. La duración de este último contrato, que había producido una mera modificación del anterior, fue establecida por las contratantes en un año prorrogable, con posibilidad de denuncia con preaviso de 60 días. Las demandadas denunciaron el contrato el 3 de junio de 2002 y, ante su solicitud de una mayor precisión, fijaron la fecha de extinción de la relación contractual el 14 de octubre del mismo año. En consecuencia, las empresas españolas no habían respetado el

plazo de preaviso mínimo establecido imperativamente en los arts. 3 y 25 de la LCA. Y, por ello, la empresa turca entiende que tiene derecho a las indemnizaciones que normalmente hubiera percibido de haberse respetado el plazo, así como a las generadas por operaciones que, promovidas por ella durante la vigencia de la relación contractual, fueron consumadas después de la extinción del vínculo. Y además piensa tener derecho a la indemnización por clientela del art. 28 LCA. ¿Tendrá éxito su demanda? Véase la STS del15/11/2010, RJ/2010/8871.

A. Quién es el demandante, el demandado y la causa de pedir.

Demandante: Benka SA.

Demandados: El Corte Inglés SA e Hipercor SA.

Demanda:

— Declaración del incumplimiento del deber de preaviso del art. 25 LCA.

— Indemnizaciones:

    o Por daños y perjuicios, media mensual de las comisiones que habría cobrado si se hubiese respetado el preaviso. 5 762 + 72 494 €.

    o Comisiones por los contratos de los proveedores de una lista que aporta (contratos perfeccionados dentro del contrato pero ejecutados después del 14/10/02).

    o Por clientela: 281 067 €.

Contestación:

— El contrato de 1982 era de comisión, no agencia. En 1999 se firmó un contrato nuevo y distinto.

— La causa de la resolución fue el incumplimiento de sus obligaciones por parte del agente.

— No procede la indemnización por clientela porque los nuevos proveedores no fueron clientes de Benka SA.

b. Resumen de los hechos y camino procesal.

Si el contrato ha durado más de diez años, se llega al máximo de 6 meses de plazo de preaviso que establece el art. 25 LCA.

1.ª Instancia: Estima parcialmente la demanda:

— Sí hay incumplimiento del deber de preaviso del art. 25 LCA.

— Comisiones: 4,5 % de los proveedores de la lista:

    o 96 752 € debe pagar El Corte Inglés.

    o 16 732 € debe pagar Hipercor.

2.ª Instancia (apelación):

— Amplía la indemnización por daños:

    o 5 772 € debe pagar El Corte Inglés.

    o 72 € debe pagar Hipercor.

— Estimando el recurso de Benka SA, añade la indemnización por clientela:
- o   34 186 € debe pagar El Corte Inglés.
- o   281 € debe pagar Hipercor.

c. Principales normas que se citan en el caso.

Art. 25 LCA.

Disposición adicional 2.ª LCA.

Arts. 32 y 33 Ccom.

Art. 398 LEC.

Art. 28 LCA.

d. Fallo y fundamentos jurídicos que lo justifican.

El fallo es parcialmente a favor de Benka SA, consigue todos sus pedimentos, pero no la indemnización por clientela.

Razones:

— Competencia judicial.
- o   Cláusula en el contrato: «Cualquier disputa que pudiera surgir en relación con la interpretación o aplicación del presente contrato quedará sometida a los tribunales de Madrid.»
- o   DA 2.ª LCA: Establece la competencia del juez del domicilio del agente.
- o   Sumisión expresa.
- o   «Hace innecesario valorar desde el prisma de la buena fe la actitud de las recurrentes, de nacionalidad española, que, tras incorporar al contrato (celebrado con una sociedad de Turquía) una cláusula de sumisión a los tribunales españoles, al verse demandadas ante estos se defienden sosteniendo, sin justificación conocida, que son los turcos los que deben decidir el conflicto.»

— Práctica de la prueba:
- o   Benka SA solicitó la exhibición de los libros mayores con intervención de un auxiliar técnico en el acto del reconocimiento, art. 33 Ccom.
- o   La prueba fue autorizada por el juez, pero en el momento de realizarla las demandadas alegaron que no tenían libro mayor.
- o   Después de mucho tiempo y recursos, finalmente las demandadas aportaron una información obtenida de la contabilidad auxiliar.
- o   Se revela la resistencia de las demandadas al cumplimiento del deber de colaboración del art. 398 LEC.

— Contrato sin exclusiva:

o   Aunque no se puede concluir que las comisiones de esas operaciones se hayan concluido por la actuación del agente Benka SA, habría podido ser otro, la relación contractual funcionó de hecho como si existiese. No se probó que las demandadas hubiesen empleado otro agente en Turquía.

— Clientela, art. 28 LCA:
o   En 1.ª Instancia se entiende que solo se aplica a clientes consumidores, no a proveedores, al no ser atribuible a estos últimos la fidelidad de los primeros.
o   La Audiencia lo entiende aplicable en todos los casos.
o   TS: Solo
    ▪   Si el agente ha aportado nuevos clientes o incrementado sensiblemente las operaciones con la clientela preexistente.
    ▪   Se considera razonablemente posible que la actividad desarrollada por el agente continúe en el futuro produciendo ventajas al principal.
    ▪   Que sea equitativa según las circunstancias.
o   Por ello se elimina la indemnización por clientela.

21. Como mayorista de monturas de gafas, Marchon comercializa una gama de monturas de diferentes modelos, marcas y colecciones a una clientela constituida por ópticas. A fin de distribuir sus monturas, Marchon utiliza los servicios de varios agentes comerciales, a quienes encomienda la tarea de negociar la venta no del conjunto de monturas de su gama, sino solo de las monturas de una o varias marcas determinadas. En una misma zona geográfica, cada agente comercial entra en competencia con otros a quienes Marchon ha encomendado la comercialización de las monturas de sus otras marcas. A la señora Karaszkiewicz, que fue agente comercial de Marchon del mes de septiembre de 2008 al mes de junio de 2009, se le atribuyó la comercialización de las monturas de las marcas C. K. y F. A tal efecto, Marchon puso a disposición de aquella un listado de ópticas con las que ya mantenía relaciones comerciales pues les vendía monturas de otras marcas. Karaszkiewicz negociaba la venta de las monturas que se le habían encomendado esencialmente con esas ópticas. Tras la extinción de su contrato, Karaszkiewicz reclamó a Marchon una indemnización por clientela en virtud del art. 89 b del Código de Comercio alemán. A este respecto, alegó, en particular, que las ópticas que habían comprado por primera vez, gracias a su intervención, monturas de las marcas C. K. o F. y debían considerarse nuevos clientes, en el sentido de ese artículo, aun cuando ya figurasen en el listado de clientes que Marchon había puesto

a su disposición. El Landgericht München I (Tribunal Regional Civil y Penal de Múnich I) estimó la demanda de la señora Karaszkiewicz, aunque, en virtud de la equidad, limitó el importe de la indemnización concedida a la mitad de lo que había solicitado la interesada, ya que consideró que el trabajo de negociación realizado por esta se había visto facilitado por el hecho de que los nuevos clientes que ella alegaba haber aportado a Marchon conocían la sociedad con anterioridad. Marchon recurrió esa resolución en apelación ante el Oberlandesgericht Düsseldorf (Tribunal Regional Superior Civil y Penal de Düsseldorf). Este órgano jurisdiccional confirmó la anterior resolución, por lo que Marchon interpuso recurso de casación ante el Bundesgerichtshof (Tribunal Supremo Civil y Penal). Este tribunal entonces entendió que el resultado del recurso dependía de la interpretación del art. 17, apartado 2, letra a), de la Directiva 86/653, en particular, de si debe considerarse que un agente comercial ha aportado nuevos clientes, en el sentido de esa disposición, en circunstancias tales como las del litigio principal. Puede que el concepto de nuevos clientes se limite a las personas que no tenían relación comercial alguna con el empresario antes de la intervención del agente comercial. Sin embargo, se pregunta si no debería adoptarse una interpretación más amplia cuando, teniendo en cuenta la estructura de distribución del empresario, el agente comercial se encargue de distribuir únicamente una parte de las mercancías de aquel. Y por eso eleva una cuestión al TJUE. Véase la STJUE del 7/4/2016, TJCE/2016/133, Caso Marchon Germany.

a. Quién es el demandante, el demandado y la causa de pedir.

Demandante: Señora Karaszkiewicz.

Demandado: Marchon Germany GmbH.

Reclama una indemnización por aportación de nuevos clientes.

d. Fallo y fundamentos jurídicos que lo justifican.

El fallo es a favor de la Sra Karaszkiewicz.

«El artículo 17, apartado 2, letra a), primer guion, de la Directiva 86/653 del Consejo, de 18 de diciembre de 1986, relativa a la coordinación de los derechos de los Estados miembros en lo referente a los agentes comerciales independientes, debe interpretarse en el sentido de que los clientes captados por un agente comercial con respecto a las mercancías cuya venta le haya sido encomendada por el empresario deben considerarse nuevos clientes, en el sentido de esa disposición, aun cuando esos clientes ya mantuviesen relaciones comerciales con el empresario con respecto a otras mercancías, si la venta de las primeras mercancías realizada por ese agente ha requerido establecer una relación comercial específica, lo que corresponderá comprobar al órgano jurisdiccional remitente.»

2.6. Transporte

22. Pedro Antonio había contratado con Vueling Airlines SA un vuelo de Barcelona a Santiago el 22 de septiembre de 2019, con salida a las 21:25 horas y llegada a las 23:15 horas. El vuelo fue cancelado por la compañía. Como consecuencia Pedro Antonio tuvo que ir a Madrid en AVE y desde allí compró un billete de avión a Santiago de Compostela, transportes que le supusieron unos gastos de 158,45 €. Vueling Airlines SA se opone a la demanda de indemnización de gastos alegando la concurrencia de circunstancias extraordinarias tales como huelga de personal de tierra y de *handling*. Pedro Antonio interpone una demanda ante el Juzgado de lo Mercantil de Badajoz. ¿Tendrá éxito o tiene razón la compañía aérea? Véase la S. del Juzgado de lo Mercantil de Badajoz del 3 de diciembre de 2019, JUR/2020/38601.

a. Fija claramente las posiciones enfrentadas de las partes: quién es el demandante, quién es el demandado y la causa de pedir.

Demandante: Pedro Antonio.

Demandado: Vueling Airlines SA.

Reclamación de 158,45 €, gastos de los transportes alternativos que Pedro Antonio tuvo que pagar para llegar a su destino.

c. Recoge la norma o normas y los argumentos que se discuten principalmente en el caso, y en las que se apoyan las partes.

Art. 51 Ccom.

Art. 94 de la Ley 48/1960, del 21 de julio, de Navegación Aérea.

Arts. 5, 6, 7, 8, 9 y 12 del Reglamento (CE) n.º 261/2004, del Parlamento Europeo y del Consejo, de 11 de febrero de 2004, por el que se establecen normas comunes sobre compensación y asistencia a los pasajeros aéreos en caso de denegación de embarque y de cancelación o gran retraso de los vuelos.

Art. 5.3 del Reglamento (CE) n.º 261/2004: un transportista aéreo encargado de efectuar un vuelo no está obligado a pagar una compensación conforme al art. 7 si puede probar que la cancelación se debe a circunstancias extraordinarias que no podrían haberse evitado incluso si se hubieran tomado todas las medidas razonables.

Arts. 19, 22 y 29 del Convenio de Montreal para la unificación de ciertas reglas para el transporte aéreo internacional, del 28 de mayo de 1999.

Art. 1108 CC.

d. Explica el fallo de la sentencia. ¿Cuál fue la decisión del tribunal y cuál su fundamento jurídico? ¿Cuáles son los motivos fundamentales que justifican aquella?

Fallo a favor de Pedro Antonio: se condena a Vueling al abono de 158,45 € + intereses desde la interposición de la demanda.

Las razones son:
— Las medidas de asistencia y atención estandarizadas e inmediatas no impiden por sí mismas que los pasajeros afectados, en el caso en que el mismo retraso les cause también daños que den derecho a una indemnización, puedan ejercitar, además, las acciones de indemnización de dichos daños en las circunstancias previstas en el Convenio de Montreal.
— No toda huelga puede considerarse situación imprevisible o inevitable. No basta con que exista una situación de huelga del personal de la línea aérea o de los controladores aéreos, sino que, para que resulte excluida la responsabilidad por esta causa, es preciso que la línea aérea pruebe que tomó todas las medidas razonables para evitarla.
— En este caso no se trata de la huelga del propio personal de la línea aérea sino de la huelga de los controladores franceses, que no guarda relación alguna con las capacidades de organización interna de la demandada. Pero, aun así, debería haber acreditado, para exonerarse de responsabilidad, que no pudo optar por trayectos alternativos. No consta que las restricciones del tráfico aéreo provocaran una cancelación masiva de otros vuelos. No se ha acreditado la imposibilidad de otra alternativa de vuelo distinta, esto es, utilizando otro espacio aéreo distinto al francés como, por ejemplo, el italiano.
— La huelga de controladores era conocida y previsible, comenzando el 24 de junio, un día antes del viaje de los demandantes, por lo que una debida diligencia debería de haber significado la información de la cancelación de vuelo a Venecia a los viajeros antes de su salida a Barcelona.
— Dado que se trata de una huelga ajena a la compañía aérea, se considera que concurre una circunstancia extraordinaria que exime a la compañía de la compensación del art. 7 del Reglamento, pero no de asumir los gastos del art. 8 b) en relación con el 5, por lo que deberá indemnizar al demandante en los gastos que tuvo para llegar a destino: 158,45 €.

23. El 1 de enero de 2013 Gamesa Eólica SLU (GEOL) concertó un contrato con Megabiaga SL para el transporte terrestre de unos aerogeneradores. En la cláusula quinta del contrato, denominada «Garantías», pactaron lo siguiente (en el contrato, Megabiaga es denominada el proveedor):

«El proveedor garantiza a GEOL que los servicios se prestarán conforme a la normativa vigente de aplicación, así como conforme a las especificaciones o instrucciones que GEOL le haya transmitido. El proveedor indemnizará a GEOL de toda pérdida, responsabilidad económica o multa derivada directamente de un incumplimiento de la normativa legal vigente por parte del personal del proveedor o por el personal de sus subcontratas que ejecuten los servicios. Asimismo, el proveedor será responsable de todas las pérdidas o daños que se produzcan en los bienes entregados por GEOL para su transporte por Megabiaga. Con el fin de tener cubiertas todas las responsabilidades que se deriven frente a GEOL y frente a cualquier tercero de la ejecución de los servicios objeto del presente contrato, el proveedor tiene concertada, en vigor y mantendrá durante toda la vigencia del contrato, una póliza de responsabilidad civil que cubra los riesgos detallados en la presente cláusula, por un importe mínimo de 2 000 000 €».

El 1 de agosto de 2014, durante la realización del transporte de una estructura metálica de 70 tm, denominada *nacelle,* que alberga la parte principal de un aerogenerador sobre la que se montan los diferentes elementos, el camión con cabeza tractora y con doble remolque que lo llevaba a cabo se salió de la calzada y volcó. El camión circulaba a velocidad excesiva, su conductor invadió el carril contrario y al intentar volver al sentido correcto se desprendieron ambos remolques, que quedaron volcados sobre su lateral izquierdo, junto con la carga, que quedó destruida. GEOL tenía contratada una póliza de seguro de daños en la mercancía con la compañía Royal & Sun Alliance Insurance PLC (en adelante, RSA). En cumplimiento de dicho contrato, RSA indemnizó a Gamesa en 698 847 €, como consecuencia de los daños y perjuicios sufridos por la destrucción de *nacelle.* RSA interpuso una demanda de juicio ordinario contra Megabiaga y Reale Seguros Generales SA (aseguradora del transportista), en la que ejercitó la acción de subrogación del art. 43 LCS y reclamó el pago de 698 847 €. Megabiaga contestó a la demanda alegando falta de legitimación activa y subsidiariamente, que la cantidad máxima que debería pagarse por la pérdida de la mercancía sería de 425 999,52 €, porque entiende aplicable el art. 57 LCTTM, límites de la responsabilidad. Reale Seguros Generales SA contestó alegando excepción de falta de legitimación activa y pasiva, y también la concurrencia de dos seguros, que supone que, como máximo, tendría que pagar 4788 €.

Durante el pleito RSA y Reale Seguros Generales SA llegaron a un acuerdo con homologación judicial por el cual Reale indemnizó a RSA con 300 000 €. Y el juicio siguió solo contra Megabiaga por la diferencia. La sentencia del juzgado estimó en parte la demanda, y ante la falta de prueba efectiva del daño lo cifró en los 300 000 € ya recibidos por la demandante. RSA recurre ante la Audiencia y gana, se condena a Megabiaga a indemnizar a RSA con los 398 847 € restantes, al entenderse que no operaba ningún límite de responsabilidad por acuerdo expreso de las partes en el contrato de transporte, como permiten los arts. 46.2 y 61.3 LCTTM. Ahora Megabiaga recurre en casación ante el TS. ¿Tendrá éxito? Véase la STS del 12/2/2020, RJ 2020/183.

a. ¿Quiénes son el demandante, el demandado y la causa de pedir?

Demandante: Royal & Sun Alliance Insurance PLC.

Demandados: Megabiaga y Reale Seguros Generales SA.

b. Delimita el problema: los hechos. Explica el camino procesal: ¿qué sucede en las diversas instancias?

Pretende recuperar la indemnización de 698 847 € que ya ha pagado a su cliente, Gamesa Eólica SLU, por la pérdida de un aerogenerador durante un transporte.

Durante el juicio RSA y Reale Seguros Generales SA llegaron a un acuerdo. Al tratarse de un supuesto de seguro doble, la indemnización se reparte, y así se llegó a un acuerdo por el cual Reale Seguros Generales SA indemnizó a RSA con 300 000 €. Y el juicio siguió contra Megabiaga por la diferencia.

Camino procesal:

1.ª Instancia: Estima parcialmente la demanda, se condena a Megabiaga al pago de 300 000 € a RSA.

2.ª Instancia: Se condena a Megabiaga a pagar a RSA otros 398 847 €, considerando que no operaba ningún límite de responsabilidad en virtud de lo pactado expresamente en el contrato, tal y como permiten los arts. 46.2 y 61.3 LCTTM.

TS: Estima el recurso de Megabiaga y reduce la indemnización a 125 499,52 €.

c. Recoge la norma o normas y los argumentos que se discuten principalmente en el caso, y en las que se apoyan las partes.

— Arts. 46.2, 57 y 61.3 LCTTM.

— Arts. 1256 y 1258 CC.

— Art. 57 Ccom.

d. Explica el fallo de la sentencia. ¿Cuál fue la decisión del tribunal y cuál su fundamento jurídico? ¿Cuáles son los motivos fundamentales que justifican aquella?

Fallo a favor de Megabiaga, en casación.

Motivos:

— La existencia de pacto no exime de tener que probar el daño.

— No es necesario que el pacto de aumento de responsabilidad conste en la carta de porte.

— El art. 61.3 LCTTM permite un aumento de límite indemnizatorio, no su supresión. Un aumento de responsabilidad debe ir acompañado de un aumento del precio, a fin de no alterar la economía del contrato y no desnaturalizar el sentido de las excepciones a las limitaciones de responsabilidad.

— El pacto enjuiciado supone una eliminación de cualquier limitación, al hacer responsable a Mesabiaga de todas las pérdidas o daños sufridos.

— Megabiaga no debe responder de todos los daños al no ser válido el pacto. Sí que operan los límites del art. 57 LCTTM y la cantidad resultante serían 425 999,52 €, que quedan reducidos a 125 499,52 € al descontarse los ya pagados por Reale Seguros Generales SA.

2.7. Seguros

24. El 22 de marzo de 2007, Hernan y su esposa Asunción, con el fin de financiar la compraventa de una vivienda firmaron una hipoteca con la entidad Cajamar Caja Rural. Simultáneamente suscribieron con Cajamar Vida SA un seguro de vida vinculado a dicho préstamo que cubría el riesgo de fallecimiento del cada asegurado con una suma de 65 000 euros. Al estar vinculados al préstamo hipotecario, en las pólizas del seguro de vida se designó a Cajamar Caja Rural como primera beneficiaria hasta el límite de lo que quedara por amortizar del préstamo en el momento del fallecimiento del asegurado, y al cónyuge supérstite como beneficiario/a en cuanto al exceso.

En la póliza del seguro de Asunción se incluyó el siguiente *Cuestionario de Salud y Actividad*, que fue cumplimentado por el empleado del banco con las respuestas dadas por ella, constando también su firma:

CUESTIONARIO

Las respuestas a las preguntas de este cuestionario tienen incidencia en la valoración del riesgo por al Entidad Aseguradora. El Contrato de Seguro que usted solicita es de "máxima buena fe" y y CAJAMAR VIDA, S. A. de Seguros y Reaseguros, S. A. confía en sus declaraciones, pero le informa que las omisiones intencionadas podrían llegar a invalidarlo.

Respuestas declaradas por el solicitante (SI o NO)

1. ¿Ha tramitado o está usted tramitando algún tipo de invalidez o incapacidad?	No
2. ¿Ha padecido o padece alguna enfermedad que le haya obligado a interrumpir su actividad laboral durante más de quince días consecutivos en el transcurso de los últimos cinco años, o está usted de baja por enfermedad o accidente?	No
3. ¿Padece o ha padecido cualquier afección de corazón, cerebrovascular, hipertensión sanguínea, diabetes, enfermedades de hígado o enfermedad infecto-contagiosa, como hepatitis (cualquier tipo) o enfermedades de transmisión sexual, infecciones VIH (como SIDA o relacionadas)?	No
4. ¿Tiene alguna alteración física o funcional, ha sufrido algún accidente grave o ha recibido transfusión de sangre?	No
5. ¿Ha sido sometido a intervención quirúrgica? ¿Tiene Vd. que hospitalizarse?	No
6. ¿Esta usted en tratamiento? ¿Consume medicamentos derivados de algún tratamiento médico?	No
7. ¿Padece o ha padecido depresiones o alguna afección mental?	No
8. Peso 60 Kgs. Talla: 164cms.	
9. ¿Consume o ha consumido habitualmente bebidas alcohólicas, ansiolíticos, estupefacientes o drogas? ¿Fuma mas de cuarenta cigarrillos al día?	No
10. ¿Le ha hecho o recomendado un test del SIDA?	No
11. En conclusión: ¿su estado de salud es bueno y sin enfermedad?	Si
12. ¿Conduce motocicletas de mas de 125cc?	No
13. Deportes que practica:	
14. Profesión: CAMARERO	

SI HA CONTESTADO AFIRMATIVAMENTE A ALGUNA DE LAS PREGUNTAS 1, 2, 3, 4, 5, 6, 7, 9, 10 o NEGATIVAMENTE A LA 11, SÍRVASE AMPLIAR LA INFORMACIÓN:

Naturaleza del padecimiento o lesión:

Niega haber padecido o padecer alguna enfermedad que le hubiera obligado a interrumpir su actividad laboral durante más de quince días en el transcurso de los últimos cinco años, o haber estado de baja por enfermedad o accidente, haber padecido o padecer concretas enfermedades o patologías, entre ellas de tipo infecto-contagiosas, tener alguna alteración física o funcional, haberse sometido a intervención quirúrgica, estar bajo tratamiento médico y haber consumido o consumir más de cuarenta cigarrillos al día; y afirmó creer que su estado de salud era bueno y sin enfermedad.

En las condiciones generales de la póliza se incluyó la siguiente exclusión de cobertura: «Quedan excluidos de cobertura por este contrato de seguro y para todas las garantías contratadas los siniestros que sean consecuencia de lesiones, enfermedades físicas o psíquicas o defectos físicos o psíquicos o accidentes que tengan un origen anterior a la contratación del seguro, sean conocidos por el asegurado con anterioridad y no hayan sido declarados al contratar el mismo».

Asunción falleció el 8 de octubre de 2013, siendo la causa de muerte una insuficiencia orgánica múltiple con insuficiencia pulmonar principal y carga tumoral extensa: metástasis pulmonar difusa. Comunicado el siniestro a la aseguradora, esta lo rechazó por carta de 18 de febrero de 2015 al considerar que de toda la documentación médica aportada resultaba que el fallecimiento de Asunción traía causa de problemas de salud preexistentes a la firma del contrato y que la asegurada le había ocultado. De hecho, se acreditaron los siguientes extremos:

a) El 23 de septiembre de 2003, Asunción había sufrido una histerectomía total más doble anexectomía más linfadectomía pélvica por un cáncer de cérvix microinvasivo que le había sido diagnosticado en agosto del mismo año. Desde su operación se sometió a revisiones periódicas que arrojaron un resultado normal.

b) En julio de 2003 se le diagnosticó una tuberculosis pulmonar activa y como diagnóstico secundario tabaquismo y se le pautó tratamiento sujeto a revisión a los seis meses.

A principios de diciembre de 2016 el viudo/beneficiario demandó a la compañía de seguros reclamando el cumplimiento del contrato. ¿Tendrá éxito su demanda? Véase la STS de 27 de octubre de 2023, JUR\2023\403251.

a. Fija claramente las posiciones enfrentadas de las partes: quién es el demandante, quién es el demandado y la causa de pedir.

Demandante: Hernan.

Demandado: Cajamar Vida SA.

Acción de reclamación de 65 000 €, en cumplimiento de un seguro de vida.

b. Delimita el problema: los hechos. Explica el camino procesal: ¿qué sucede en las diversas instancias?

1.ª Instancia: Desestima la demanda, gana Cajamar Vida SA.

2.ª Instancia: Estima el recurso, gana Hernan, 65 000 € + intereses del art. 20 LCS.

TS: Casa la sentencia de la audiencia y confirma la de 1.ª Instancia, gana Cajamar Vida SA.

c. Recoge la norma o normas y los argumentos que se discuten principalmente en el caso, y en las que se apoyan las partes

Arts. 10 y 89 LCS.

Art. 20 LCS.

d. Explica el fallo de la sentencia. ¿Cuál fue la decisión del tribunal y cuál su fundamento jurídico? ¿Cuáles son los motivos fundamentales que justifican aquella?

El fallo es favorable a la compañía de seguros, por los siguientes motivos:

— Es válido como cuestionario el documento que, con tal denominación, se incluyó en la documentación contractual y fue firmado por la asegurada al tiempo de suscribir la póliza. No reducen su eficacia ni que el contrato de seguro estuviera vinculado al préstamo hipotecario, ni que fuera cumplimentado por un tercero, empleado del banco, si, como fue el caso, lo hizo con las respuestas facilitadas por la asegurada, ni que algunas preguntas fueran excesivamente genéricas o imprecisas.

— A la asegurada sí se le formularon preguntas claras sobre enfermedades o patologías concretas: véanse preguntas 3, 5, 6 y 9 del cuestionario.

— La asegurada respondió negativamente pese a constarle desde agosto de 2003 un diagnóstico de cáncer de cérvix, que la obligó a ser intervenida quirúrgicamente en septiembre del mismo año, y la situación de supervisión o control facultativo subsistía cuando firmó la póliza. Desde julio del mismo año tenía tuberculosis sumado a su tabaquismo. Todos esos antecedentes tenían gran importancia y eran relevantes para que la aseguradora pudiera valorar el riesgo.

— Aplicando el art. 10 LCS, quien tiene antecedentes por tabaquismo y por graves problemas de salud, como tuberculosis y cáncer, que le obligan a un control médico periódico, infringe conscientemente su deber de declarar el riesgo si manifiesta no tener problema alguno de salud y silencia antecedentes indiscutiblemente relevantes que podía representarse, por las preguntas que se le hicieron, como objetivamente influyentes para la exacta valoración del riesgo de fallecimiento.

2.8. Consumidores, cláusulas abusivas

25. Noticia del periódico *El País,* del 30 de septiembre de 2011: «CaixaBank compra Bankpime por 16 millones de euros. El banco de la Caixa incorpora un volumen de negocio de unos 1200 millones con la operación. CaixaBank ha llegado a un acuerdo con el Banco de la Pequeña y Mediana Empresa, Bankpime, para adquirir la totalidad de su actual negocio bancario y de gestión de fondos por 16 millones de euros, con efectos económicos a 1 de septiembre de 2011. Según ha informado hoy el banco de la Caixa, esta operación implica adquirir principalmente la cartera de inversión crediticia de Bankpime (363 millones de euros), la gestora de fondos (con aproximadamente 400 millones de euros gestionados), las 19 sucursales bancarias, el centenar de empleados adscritos a dichas sucursales y todos los depósitos de la clientela (436 millones de euros). Con esta operación se incorpora a CaixaBank un volumen de negocio de unos 1200 millones de euros, incluyendo 400 millones de euros de fondos de inversión fuera de balance, con una buena situación de liquidez, buen margen de intereses y con un reducido impacto en solvencia, argumenta la entidad catalana. La adquisición de la totalidad del negocio bancario y de gestión de fondos de Bankpime permite añadir valor a algunas de las actividades en las que la Caixa ha puesto un mayor acento comercial: fondos de inversión, seguros y empresas, indica la entidad compradora. En este sentido, CaixaBank destaca la incorporación de la gestora de fondos, con una actividad considerable y una buena oferta de fondos, que reforzará la excelente evolución de InverCaixa. CaixaBank asegura que, con esta operación, los clientes de Bankpime gozarán de una mayor gama de servicios, tanto bancarios como de la gestora, y del respaldo de una entidad solvente y con la red de oficinas más grande del sistema financiero español. Además, la Caixa garantiza a los clientes los servicios y las condiciones de los productos que ya tenían contratados en Bankpime. La operación está sujeta a la obtención de las autorizaciones regulatorias y a la aprobación de la venta del negocio por parte de la Junta General de Bankpime. Los tres accionistas principales de Bankpime, que mantienen el 73 % del capital, se han comprometido a votar favorablemente a la operación, según informa CaixaBank».

Bernabé y Carmela eran clientes de Bankpime, y habían invertido todos sus ahorros en un producto bancario llamado bonos Aisa. En el contrato que firmaron con la entidad bancaria existía un pacto de recompra por parte del banco del producto. Como Bankpime ya no existe pues ha sido liquidada, los clientes reclaman a CaixaBank como sucesora. Pero responde que no se hace cargo porque en el contrato que materializó la absorción de la entidad desaparecida resultaron excluidos algunos pasivos, entre los que se encontrarían los pasivos litigiosos.

¿Qué pueden hacer Bernabé y Carmela? Véase la STS del 3/2/2020, RJ 2020/141 y el artículo de SÁENZ DE JUBERA HIGUERO, B., «Contrato de seguro: contradicción entre cláusulas, cláusulas oscuras y causa justificada de exclusión de intereses *ex* artículo 20 LCS», *Revista Crítica de Derecho Inmobiliario,* n.º 794, 2022, pp. 3350-3365.

a. Fija claramente las posiciones enfrentadas de las partes: quién es el demandante, quién es el demandado y la causa de pedir.

Demandantes: Bernabé y Carmela.

Demandado: Caixabank como sucesora de Bankpime por fusión por absorción.

Responsabilidad contractual: los demandantes solicitan:

— La resolución contractual por incumplimiento, aplicando el art. 1124 CC + indemnización de daños y perjuicios: 15 000 € + intereses.

— La nulidad de la compra de bonos Aisa Fergo de 14 de julio de 2006 por aplicación del art. 1256 CC.

— La nulidad del contrato por falta de consentimiento, arts. 1261 y 1265 CC.

— La nulidad del contrato por error.

— Que se declare la negligencia de Caixabank, art. 1101 CC, y se indemnice con 15 000 €.

b. Delimita el problema: los hechos. Explica el camino procesal: ¿qué sucede en las diversas instancias?

CaixaBank se limitó en su contestación a la demanda a alegar su falta de legitimación pasiva.

Camino procesal:

— 1.ª Instancia (juzgado): Ganan Bernabé y Carmela, son indemnizados con 15 000 € al declararse la nulidad del contrato de compra de los bonos Aisa Fergo.

— 2.ª Instancia (apelación): Gana CaixaBank. Se le absuelve de todos los pedimentos.

— TS: Ganan Bernabé y Carmela, se casa la sentencia de la Audiencia y se confirma la de 1.ª Instancia.

c. Recoge las normas y los argumentos que se discuten principalmente en el caso.

Arts. 1101, 1124, 1261 y 1265 CC.

Arts. 1526, sobre cesión de contratos.

Arts. 1255 y 1257 CC.

d. Explica el fallo de la sentencia. ¿Cuál fue la decisión del tribunal y cuál su fundamento jurídico? ¿Cuáles son los motivos fundamentales que justifican aquella?

Fallo a favor de Bernabé y Carmela, CaixaBank debe indemnizarlos con 15 000 €.

Las razones son:

— Es necesario proteger la confianza legítima generada en los clientes. Se les comunicó la transmisión del negocio bancario sin informarles de las pretendidas limitaciones que alega CaixaBank. Cláusulas desconocidas para los mismos. Si no, se estaría dejando la decisión sobre la validez y el cumplimiento de los contratos cedidos al arbitrio exclusivo del cesionario del contrato.

— Hay que interpretarlo entendiendo que Bankpime quedaba obligado a dejar a CaixaBank indemne por las reclamaciones de sus clientes cuando se basasen en hechos acaecidos antes de la fusión, de modo que CaixaBank pudiese reclamarle esas cuantías. Se respetan así los arts. 1255 y 1257 CC.

— Ha de reconocerse legitimación pasiva al banco que comercializa el producto de inversión para soportar la acción de nulidad del contrato por el que el cliente obtuvo el producto, y en caso de condena debe restituir al cliente la prestación. De otro modo se privaría al cliente de la posibilidad de ejercitar la acción de anulación del contrato por vicio de consentimiento.

— La transmisión por Bankpime a CaixaBank de su negocio como unidad y la sustitución en la posición contractual frente a cada cliente justifica que estos puedan ejercitar contra CaixaBank las acciones de nulidad contractual.

26. En los años 1978 y 1979, la Caja de Ahorros de Cataluña concedió a Indunova SA tres préstamos con garantía hipotecaria sobre distintos inmuebles, en los que se pactó que la cantidad prestada sería devuelta en el plazo de quince años, mediante anualidades mixtas, constantes y vencidas, comprensivas de capital, intereses y comisiones, pagaderas por trimestres naturales y vencidos dentro de los 20 días siguientes a su vencimiento, devengando la cantidad prestada un interés del 14 % anual más una comisión del 0,6 % también anual, sobre el total del capital, y por toda la duración del préstamo. Los pisos fueron vendidos posteriormente por Indunova a terceras personas, asumiendo cada comprador el pago del préstamo hipotecario garantizado con el piso adquirido. En 1987 los medios de comunicación publicaron una serie de noticias y reportajes relativos al cálculo de intereses que realizaban las entidades financieras de nuestro país en los préstamos que concedían, lo cual determinó que una parte de los adquirentes de los pisos interpusieran una demanda contra la entidad prestamista, manifestando que los intereses cobrados por

la demandada habían sido calculados incorrectamente en relación con lo pactado en la correspondiente escritura y con desconocimiento de las circulares del Banco de España dictadas en 1985 y 1987, por lo que se habían cobrado unos intereses no debidos, y además el momento del devengo de los intereses de demora se había fijado a partir de un día señalado arbitrariamente, en contra también de lo pactado. La Caja reconoce que el interés real o efectivo aplicado había sido superior al nominal, pero lo justificaba por un pretendido uso de carácter bancario. ¿Tendrá éxito la demanda y se obligará a la Caja a indemnizar por los perjuicios a los prestatarios? Véase la STS 8/4/94, RJ 1994/2733. Véase también la STS 258/2023, del 15 de febrero, que determina cuándo un interés puede considerarse notablemente superior al normal conforme a la *Ley de Usura*. Y el artículo de CUADRADO SOLER, J., «Las tarjetas *revolving*: ¿caso resuelto?», *Revista Crítica de Derecho Inmobiliario,* n.º 794, 2022, pp. 3446-3478.

a. Fija claramente las posiciones enfrentadas de las partes: quién es el demandante, quién es el demandado y la causa de pedir.

Demandante: Miguel Ángel, José y otros, y el presidente de la asociación Icofin.

Demandado: Caja de Ahorros de Cataluña.

b. Delimita el problema: los hechos. Explica el camino procesal: ¿qué sucede en las diversas instancias?

Los demandantes solicitan que se condene a la Caja a calcular los intereses pactados en los préstamos de forma que no sean superiores al 14 % anual, y a modificar los recibos correspondientes de los trimestres que aún resten por pagar. También solicitan que los indemnicen con 500 000 pta a cada uno y que se publique la sentencia en periódicos de gran circulación.

Camino procesal:
— 1.ª Instancia (juzgado): No legitima activamente a la asociación, pero estima la demanda parcialmente; se condena a la Caja a hacer bien el cálculo del interés, aunque no se conceden las indemnizaciones ni la publicación de la sentencia.
— 2.ª Instancia (apelación): Se revoca la sentencia de 1ªI. y se desestima la demanda: se absuelve a la Caja.
— TS: Casa la sentencia de la AP y confirma la de 1.ª Instancia.

c. Recoge la norma o normas y los argumentos que se discuten principalmente en el caso, y en las que se apoyan las partes.

Arts. 1288 y 1098 CC.

Arts. 2 y 50 CCom.

d. Explica el fallo de la sentencia. ¿Cuál fue la decisión del tribunal y cuál su fundamento jurídico? ¿Cuáles son los motivos fundamentales que justifican aquella?

Fallo a favor de los demandantes (clientes de la Caja).

Las razones son:

— Carácter de contrato de adhesión.

— El cliente piensa que el interés nominal pactado (en este caso el 14 %) se corresponderá con las cuotas de amortización, sin que pueda pensar que no es así, porque no se le informa de otra cosa ni lo puede deducir.

— En el caso de una deficiente información al consumidor la oscuridad nunca debe favorecer a quien la ha provocado.

— Resulta procedente, aplicando el art. 1098 CC, condenar a la Caja a rectificar el cálculo de intereses y a devolver lo indebidamente cobrado aunque no haya dolo ni se pueda calificar el préstamo de usurario.

— Han de evitarse las extralimitaciones bancarias aun cuando constituyan práctica generalizada.

— La falta de claridad existe, aunque no haya sido buscada a propósito: no se requiere que sea intencional para que el error deba ser corregido, sin que la oscuridad pueda favorecer a quien la provoca, art. 1288 CC.

— Respecto al pretendido uso de carácter bancario, arts. 2 y 50 Ccom, recuerda el TS que la existencia de una norma derivada del uso no nace de una voluntad individual, aunque se repita, sino que requiere la convicción de cumplimiento de una norma jurídica *(opinio iuris)*, que, a su vez, encuentra su origen en una voluntad concorde de las partes, aquí inexistente cuando se afirma que los intereses reales o efectivos se pueden determinar de muy diversas formas y en el contrato no se especifica la empleada.

2.9. Contratos turísticos

2.9.1. Viajes combinados

27. María Juana interpone una demanda contra Viajes Halcón SA, Viajes Iberojet SA y Mapfre, reclamando una indemnización de 6382,30 euros. La causa son los daños que sufrió como consecuencia de una caída en una visita no programada al resbalar por unas escaleras del museo de la ciudad griega de Naxos. Después de ser asistida por el servicio sanitario público griego, donde le diagnosticaron una luxación del hombro y le prescribieron analgésicos, se puso en contacto con Iberojet, porque el dolor persistía, y con la entidad Mapfre que trasladó a la demandante en ambulancia a la Clínica Hiarico, centro privado de Naxos, donde le negaron la asistencia. María Juana tuvo que regresar en taxi a su coste al

centro sanitario público que le había atendido el día anterior, donde adquirió más antiinflamatorios. Una vez en España se le diagnosticó rotura bipolar del húmero derecho, quedando ingresada. ¿Tendrá éxito en su demanda? Véase la SAP Málaga de 31 de marzo de 2005, AC 2005/917.

28. José Luis y María Luz, ambos en nombre y representación de su hija menor presentan una demanda contra Transrutas, Mundi Boy y Royal Jordanian. Alegan los siguientes hechos: El día 31 de diciembre de 2005 los actores salieron con destino a Ammán para realizar el viaje Esencia de Siria y Jordania contratado con Viajes Mundi Boy, y como mayorista Transrutas. A su llegada al aeropuerto de Ammán no apareció una maleta. El día 1 de enero de 2006 recibieron una llamada comunicando que se encontraba en el aeropuerto y se la enviarían al hotel a las 8 h. A las 8:30 h. no había llegado y tuvieron que partir hacia Siria. La maleta se la entregaron a su regreso a Jordania en el mar Muerto, donde no pudieron bañarse por no tener ropa y tuvieron que pagar 50 euros por el taxi. En el aeropuerto el día 7 de enero de 2006 no se le permitió a su hija viajar por exceso de pasajeros y que el billete no tenía localizador. Se cambió el billete del padre para la hija y se abonaron 100 euros. El grupo de 10 personas había alquilado dos monovolúmenes para trasladarles de Madrid a su lugar de origen, aunque con uno habría bastado. José Luis tuvo que coger un taxi para llegar a la estación de autobuses que le costó 20 euros y el billete de autobús 24,68 euros. Han sufrido daños morales y molestias por no poder disfrutar de su viaje. Terminan solicitando que se dicte sentencia por la que se condene a las demandadas a pagar la cantidad de 2511,18 euros, más intereses y costas. ¿Tendrá éxito su demanda? Véase la sentencia del Juzgado de 1.ª Instancia de Bilbao, de 3 de julio de 2007, AC 2007\1898.

2.9.2. Gestión hotelera

29. Directorio Inmobiliario SA es la entidad propietaria del Hotel Cala Real y el 10 de enero de 2003 decide firmar un contrato de gestión hotelera con la firma Partner Hotels and Inns SL. En el contrato, Partner Hotels se obliga a realizar todos los actos y contratos necesarios para el funcionamiento correcto del hotel, suministro y abastecimiento de alimentos, bebidas, lencería, productos de limpieza, mantenimiento de instalaciones, reposición de menaje… Sin embargo, la propietaria del hotel no está contenta. La firma gestora excluye al hijo del dueño (accionista principal) de las decisiones de funcionamiento, no dejándole participar en la elaboración de los presupuestos: el hotel hace ofertas insostenibles, pues siendo de cuatro estrellas se vende a precio de tres. La gestión de las compras está siendo nefasta, se hace sin criterio y no se adoptan decisiones razonables. Se hacen las compras según el manual de la gestora, sin tener en cuenta que se podía negociar

con otros proveedores a otros precios más bajos. Se adquiere género en cantidad inusitada, y luego hay que tirarlo, por no poder usarlo. La lencería no se trabaja correctamente, no se controlan los tiempos de limpieza. Sin estar aún abierto el restaurante, se decidió comprar una bodega con marcas importantes. En alguna ocasión los jabones no pertenecían al hotel sino a otros de la zona también gestionados por Partner Hotels. El sistema de formación era muy malo y el soporte informático del hotel muy deficiente. Y, todo ello, trasladando al patrimonio del propietario del hotel las consecuencias negativas correspondientes, sin que Partner sufra las consecuencias de su mala gestión al estar blindada su remuneración básica: se contabiliza como un gasto más en el pasivo del balance, y no se ve afectada por los resultados negativos del ejercicio. Como consecuencia, Directorio Inmobiliario SA decide poner fin al contrato de gestión hotelera a través de una carta el 2 de junio de 2004. Entonces Partner Hotels and Inns SL interpone una demanda contra la propietaria del hotel, solicitando una indemnización por los daños que le ha provocado la resolución, a su modo de ver abusiva, y es que el contrato se había firmado para un período de 3 años, que, a esas alturas aún no habían transcurrido. ¿Le darán la razón los tribunales? Véase la SAP Madrid 20/2/2007, JUR 2007\152341.

2.9.3. Aprovechamiento por turnos

30. Aurelio y Raquel, y Lucio y Filomena son dos matrimonios de pensionistas que en el mes de julio de 2002 firmaron con la sociedad CAT SL un contrato de aprovechamiento por turnos del complejo Atlantic Club Reserva de Marbella. Además, firmaron los contratos de préstamo correspondientes, para poder pagar el precio, con el BBVA, por un importe de 19 175 €. Los hechos discurrieron de la siguiente manera: previa cita concertada por teléfono, participaron en sendas charlas o reuniones en el Hotel Costa Vasca los días 6/7/2002 el matrimonio Aurelio Raquel y el día 7/7/2002 el matrimonio Lucio Filomena. Tras presentar los documentos requeridos previamente vía telefónica (nóminas de los dos esposos. declaraciones de IRPF, recibo del IBI, últimos recibos de hipoteca y DNI), los comerciales de CAT les hicieron una oferta de una semana de vacaciones en Marbella, no haciendo referencia a ningún apartamento en régimen de aprovechamiento por turno. Al final de la reunión los comerciales de CAT presentan los contratos de aprovechamiento por turno, siendo firmados por los actores en la creencia de que habían contratado la semana de vacaciones, pero de ninguna forma que iban a tener que pagar 19 175€ por haber firmado el contrato. Asimismo, en el momento de la firma del contrato los dos matrimonios firmaron dos letras de cambio. Se trataba de letras firmadas en blanco que fueron devueltas por CAT rotas y por correo una vez que vio ingresada en su cuenta del BBVA el

dinero de la transferencia. A ambos matrimonios se les informó de que probaban exclusivamente el sistema de vacaciones de CAT teniendo un plazo de 15 a 30 días para decir si les gustaba o no. En una reunión celebrada el día 9 de julio en Elgoibar entre una comercial de CAT y los dos matrimonios la sorpresa de estos fue grande toda vez que pensaban que la reunión iba a ser para recibir un premio y tratar la forma de pago de sus vacaciones (2 cuotas de 185,01 euros el matrimonio Aurelio Raquel) y 4 cuotas de 50,76 euros el matrimonio Lucio Filomena). Sin embargo, el planteamiento de CAT fue el siguiente:

— Que tenían firmada una letra de cambio, así como el contrato.
— Que podían demandarles para obligarles a pagar las letras y cumplir el contrato siendo deudores cada matrimonio de 19 175 €.

En esta angustiosa situación ¿qué pueden hacer los dos matrimonios implicados? Véase la SAP Guipúzcoa 5/2/07, AC 2007/790.

3. Responsabilidad del empresario

3.1. Responsabilidad extracontractual

31. Un mal día, Pilar H. G. sufrió la rotura de una prótesis dental (puente) en la mandíbula superior, en la que conservaba un canino. Inmediatamente acudió a la Clínica Janos, propiedad de la entidad mercantil Cirden SA, donde le dieron hora para el día 2 de junio de 1986. Ese día la atendió Antonio que comenzó a practicarle un tratamiento de endodoncia. Mientras realizaba el tratamiento se le rompió la lima que estaba empleando, y se quedó dentro del colmillo de Pilar un trozo incrustado, de uno o dos milímetros de longitud. Antonio intentó extraerlo sin conseguirlo, ante lo cual prescribió a la paciente un tratamiento de antibióticos y otros medicamentos. Pilar sufría molestias constantes que en sucesivas visitas a la Clínica Janos no le fueron solucionadas, por lo que acudió a otro dentista que se vio obligado a extraerle el canino. Ahora Pilar se pregunta si tiene posibilidades de reclamar indemnización alguna por los perjuicios que ha sufrido como consecuencia de la probada negligencia de Antonio (la lima era muy vieja). Duda la buena mujer porque sabe que Antonio es insolvente, ya que ha puesto todos sus bienes a nombre de su esposa, justamente para evitar las reclamaciones de sus pobres clientes que muy a menudo sufren su torpeza. ¿Qué aconsejas a Pilar? ¿Qué podría hacer? Véase la STS del 22/2/1991, RJ 1587 y el art. 1903 CC.

a. Fija claramente las posiciones enfrentadas de las partes: quién es el demandante, quién es el demandado y la causa de pedir.

Demandante: Pilar.

Demandado: Antonio y Cirden SA.

Responsabilidad contractual y extracontractual, indemnización de daños y perjuicios causados por una endodoncia.

b. Delimita el problema: los hechos. Explica el camino procesal: ¿qué sucede en las diversas instancias?

Pilar sufre la torpeza de un dentista, pierde un diente y ahora reclama una indemnización.

Camino procesal:

— 1.ª Instancia (juzgado): Ganan Antonio y Cirden SA.
— 2.ª Instancia (apelación): Gana Pilar.
— TS: Gana Pilar.

c. Recoge la norma o normas y los argumentos que se discuten principalmente en el caso, y en las que se apoyan las partes.

Arts. 1101 y 1104 CC.

Arts. 1902 y 1903 CC.

Art. 147 LGDCYU, en la actualidad también sería aplicable.

d. Explica el fallo de la sentencia. ¿Cuál fue la decisión del tribunal y cuál su fundamento jurídico? ¿Cuáles son los motivos fundamentales que justifican aquella?

Fallo a favor de Pilar: se le indemnizan todos los daños y perjuicios sufridos.

Las razones son:

— Se aplican tanto la vía de la responsabilidad contractual como la extracontractual, arts. 1101 y 1902 CC.
— Se demuestra en el juicio la culpa o negligencia de Antonio.
— Se obliga a pagar a la empresa Cirden SA, según el art. 1903 CC responde de los daños de sus empleados.

32. Enrique R. V. ingresó el 15 de marzo de 1985 en el servicio de Urgencias de la Ciudad Sanitaria Reina Sofía de Córdoba con un infarto agudo de miocardio. Después de varios días en el hospital y una complicada intervención quirúrgica, Enrique queda tetrapléjico. Con apoyo en el art. 28 LGDCU entonces vigente, demanda al Servicio Andaluz de Salud y a la Tesorería General de la Seguridad Social por los daños y perjuicios sufridos. ¿Tiene aplicación al caso el artículo mencionado? Véanse las STS del 22/7/94, RJ 6581, del 23/4/99, RJ 2825, y del 17/11/04, RJ 2004/7238. Léase el artículo de ÁLVAREZ OLALLA, P., «Daños causados al paciente por utilización de un producto sanitario defectuoso. Al hilo del caso Ala Octa», *Revista Crítica de Derecho Inmobiliario*, n.º 794, 2022, pp. 3366-3405.

33. Elena, mujer de sesenta y seis años, que padece osteoporosis, miopía y cataratas, demanda al Hotetur SA, como sociedad explotadora del Hotel Catalán Bosch, sito en el término municipal de Ciutadella, alegando que hallándose en la habitación 516 del hotel, en el curso de una estancia concertada a través del Imserso, entre los días 9 y 16 de abril de 2002, y en concreto el día 12 de abril, cuando se estaba duchando, resbaló en la bañera, golpeándose fuertemente al no poderse sujetar con nada, ya que en la misma no existía agarradera, alfombra antideslizante ni ningún otro elemento de seguridad. Como consecuencia del golpe, se fracturó una vértebra y reclama ahora al hotel una indemnización de 13 184,23 €. Por su parte, la entidad demandada alega falta de legitimación pasiva, pues la explotadora del hotel es la entidad Airtours Resort Mallorca SL, arrendataria del establecimiento, y, en cuanto al fondo, estima que el resbalón fue un acontecimiento fortuito, que la normativa no exige la colocación de alfombrillas en la bañera, y que la actora no cayó como consecuencia del ejercicio de la actividad hotelera. ¿Tendrá éxito la demanda de Elena? Véase la SAP Baleares del 12 de junio de 2006, AC 2006/1158.

a. Fija claramente las posiciones enfrentadas de las partes: quién es el demandante, quién es el demandado y la causa de pedir.

Demandante: Elena.

Demandado: Hotetur SA (sociedad explotadora del Hotel Catalán Bosch).

Responsabilidad contractual y extracontractual. Elena reclama 13 184,23 € como indemnización por los daños y perjuicios causados por una caída.

El demandado alega:

— Falta de legitimación pasiva.

— Acontecimiento fortuito, falta de culpa.

— Cumplimiento de toda la normativa.

b. Delimita el problema: los hechos. Explica el camino procesal: ¿qué sucede en las diversas instancias?

Elena se fractura una vértebra como consecuencia de la caída en la bañera de un hotel. Reclama ahora una indemnización de daños y perjuicios. El hotel se defiende alegando su falta de legitimación pasiva, su falta de culpa y el cumplimiento de toda la normativa.

Camino procesal::

— 1.ª Instancia (juzgado): Gana el hotel. Razones:
    o No se ha probado que la caída se debiera a la ausencia de medidas de seguridad. No se ha acreditado que en el baño no hubiese agarradera ni se solicitó alfombrilla.
    o La normativa no exige esas medidas de seguridad.
    o Circunstancias personales de la accidentada.

○ La actividad de hotel no es de riesgo.

— 2.ª Instancia (apelación): Gana Elena.

c. Recoge la norma o normas y los argumentos que se discuten principalmente en el caso, y en las que se apoyan las partes.

Arts. 1101 y 1104 CC.

Arts. 1902 y 1903 CC.

Art. 147 LGDCYU, en la actualidad también sería aplicable.

d. Explica el fallo de la sentencia. ¿Cuál fue la decisión del tribunal y cuál su fundamento jurídico? ¿Cuáles son los motivos fundamentales que justifican aquella?

Fallo a favor de Elena: Se le indemnizan todos los daños y perjuicios sufridos. Las razones son:

— Se pueden aplicar tanto la vía de la responsabilidad contractual como la extracontractual, arts. 1101 y 1902 CC respectivamente.

— La LGDCYU (ahora en el art. 147) invierte la carga de la prueba.

— El hecho esencial es determinar si el baño contaba con algún tipo de medidas para impedir caídas. Queda muy confuso. Al invertirse la carga de la prueba hay que pensar que no había nada. Además, facilidad probatoria. El hotel si hubiese querido lo habría podido demostrar con más facilidad que la demandante. La deficiencia probatoria debe perjudicar al hotel.

— El art. 1104 CC recoge como estándar de diligencia el de un buen padre de familia. Previsibilidad del daño. Hotel que recibe turistas del Imserso, personas que pueden presentar un estado de salud más delicado, con la consecuente mayor probabilidad de caídas en una bañera, y la culpa radica en mantener una bañera sin medidas para evitar resbalones, de modo que el consumidor se encuentra desprotegido. La culpa en este sentido no exige una previa infracción reglamentaria.

— No comparte el argumento de la sentencia de 1.ª Instancia de la culpa de la víctima. Al dirigirse a clientes del Imserso el hotel debería haber adoptado más precauciones. Podría haber concurrencia de culpas.

— Culpa del hotel que radica en la ausencia total de medidas de seguridad en instalaciones dirigidas a clientes del Imserso.

34. Mientras conducía su vehículo, Adela María de la Luz no vio precipitarse sobre su coche un furgón de la empresa Centro Farmacéutico SA que conducía un empleado de esta empresa, que invadiendo el lado contrario de la calzada le causó la muerte. Ahora su marido pretende obtener una indemnización, exigiendo

responsabilidades. El problema es que el conductor del furgón es insolvente. ¿Le merece la pena iniciar el pleito? Razona tu respuesta. Véase la STS del 7/11/85, RJ 5516.

a. Fija claramente las posiciones enfrentadas de las partes: quién es el demandante, quién es el demandado y la causa de pedir.

Demandante: Eusebio representando a sus hijos y a Adela, su mujer.

Demandado: Compañía I de seguros SA y Centro Farmacéutico.

Responsabilidad extracontractual: reclama 4 353 874 pta como indemnización de daños y perjuicios por el fallecimiento de Adela.

El demandado alega:

— El accidente se debió a la conducta incorrecta del conductor del Seat.

— No está acreditado el daño.

b. Delimita el problema: los hechos. Explica el camino procesal: ¿qué sucede en las diversas instancias?

Adela falleció como consecuencia de un accidente de circulación, se le echó encima un furgón que conducía un empleado de la empresa Centro Farmacéutico que se salió en la curva por velocidad inadecuada.

Camino procesal:

— 1.ª Instancia (juzgado): Gana Eusebio.

— 2.ª Instancia (apelación): Gana Eusebio.

— TS: Gana Eusebio.

c. Recoge la norma o normas y los argumentos que se discuten principalmente en el caso, y en las que se apoyan las partes.

Arts. 1902 y 1903 CC.

Art. 1105 CC.

d. Explica el fallo de la sentencia. ¿Cuál fue la decisión del tribunal y cuál su fundamento jurídico? ¿Cuáles son los motivos fundamentales que justifican aquella?

Fallo a favor de Eusebio: Se le indemniza con 4 353 874 pta.

Las razones son:

— Art. 1903 CC: la empresa responde de los daños que provoquen sus empleados.

— Culpa *in eligendo* o *in vigilando*. Deber de cuidado en la selección del dependiente o en el control de la actividad por este desarrollada.

— Art. 1902 CC: es imprescindible la actuación culposa del dependiente. Culpa acreditada por el informe de la Jefatura Provincial de Tráfico.

— Indemnización que se basa en el dolor de la pérdida y en la lesión económica que el fallecimiento supone para sus hijos.

35. El 10 de septiembre de 1984 se encontraba Agapito a las 00:25 horas, encargado de disparar el chupinazo del término de las fiestas del barrio de Ollargan, municipio de Arrigorriaga. Desgraciadamente, al encender la mecha reventó el cohete en el interior del tubo lanzador, produciéndole graves lesiones en la mano derecha. Agapito demanda al Ayuntamiento, a la Comisión de Fiestas del Barrio, a Eustaquio, que era el fabricante del cohete, y a Mapfre Industrial SA, aseguradora de la responsabilidad civil del citado Ayuntamiento. ¿Prosperará su demanda? Explica todos los factores que pueden tener influencia en su éxito. Véase la STS del 25/3/91, RJ 2443, y compárese con la STS del 17/10/98, RJ 7282.

3.2. Daños causados por productos defectuosos

36. Daniel ha perdido la visión del ojo izquierdo como consecuencia del impacto recibido al explosionar el piloto de señalización central de una batería de condensadores. La batería en cuestión acababa de ser instalada en las dependencias de la empresa Distribuciones Reus SA por la empresa Rayolid SA, donde trabajaba Daniel. La empresa fabricante de la batería de condensadores es DNA Energía SA. Ahora Daniel demanda tanto a la empresa Rayolid como a DNA Energía SA, también a Aegón Unión Aseguradora SA de Seguros y Reaseguros y a Distribuciones Reus SA. ¿Tendrá éxito su demanda? Véase la STS del 19/2/2007, RJ 2007/1895.

a. Fija claramente las posiciones enfrentadas de las partes: quién es el demandante, quién es el demandado y la causa de pedir.

Demandante: Daniel.

Demandados:

— Distribuciones Reus SA (lugar de la explosión).

— Rayolid SA (empleador).

— Aegón Unión Aseguradora SA.

— DNA Energía SA (fabricante de la batería que explotó).

Responsabilidad extracontractual. Se piden 25 millones de pta como indemnización de daños y perjuicios por pérdida de un ojo consecuencia de la explosión de una batería.

b. Delimita el problema: los hechos. Explica el camino procesal: ¿qué sucede en las diversas instancias?

Daniel pierde la visión del ojo izquierdo como consecuencia de la explosión de una batería de condensadores que se acababa de instalar en las dependencias de Distribuciones Reus SA.

Reclama 25 millones de pesetas como indemnización.

Camino procesal:

— 1.ª Instancia (juzgado): Gana Daniel, parcialmente. Se condena a DNA Energía SA y a Rayolid SA a indemnizar con 6 millones de pesetas.

— 2.ª Instancia (apelación): Se absuelve a DNA Energía SA, manteniendo el resto del fallo de 1.ª Instancia.

— TS: Gana Daniel parcialmente (6 millones), se confirma la sentencia de 1.ª Instancia.

c. Recoge la norma o normas y los argumentos que se discuten principalmente en el caso, y en las que se apoyan las partes.

Art. 1902 CC.

Arts. 135 y ss. LGDCYU.

Art. 137 LGDCYU, concepto de producto defectuoso.

Art. 139 LGDCYU, prueba del defecto.

d. Explica el fallo de la sentencia. ¿Cuál fue la decisión del tribunal y cuál su fundamento jurídico? ¿Cuáles son los motivos fundamentales que justifican aquella?

Fallo a favor de Daniel, se le indemniza con 6 millones de pesetas. Responsabilidad que se impone solidariamente a Rayolid (empleador, responsable del montaje) y a DNA Energía SA (fabricante).

Las razones son:

— Art. 139 LGDCYU: impone al perjudicado la obligación de probar el defecto. Ahora bien, no es necesario probar el defecto concreto, siendo suficiente acreditar su existencia aunque no se pueda determinar su clase, habrá que convencer al juzgador de que el producto era inseguro.

— Art. 137 LGDCYU.

— No se pudo determinar con seguridad la causa de la explosión, pero no se descarta por los peritos un defecto de fabricación.

37. Casilda D. B. intentaba abrir una botella de nitración de benceno, producto envasado por Comercial Farmacéutica Castellana SA que había comprado en la tienda Ridruejo Hermanos SL para limpiar unas manchas del traje de su marido, pero el tape se le resistía. Al hacer un movimiento brusco consiguió abrir la botella, pero parte del líquido se derramó sobre los fuegos de butano que tenía encendidos (no se sabe por qué). Se produjo un incendio y Casilda sufrió importantísimas quemaduras. Ahora Casilda reclama una indemnización de daños y perjuicios del fabricante y del vendedor del producto. ¿Tendrá éxito su demanda? Véase la STS del 29/5/93, RJ 4052.

a. Fija claramente las posiciones enfrentadas de las partes: quién es el demandante, quién es el demandado y la causa de pedir.

Demandante: Casilda.

Demandados:

— Comercial Farmacéutica Castellana SA.

— Ridruejo Hermanos SL. Sale del pleito indemne; no se probó que la botella hubiese sido adquirida en su establecimiento.

Responsabilidad extracontractual. Reclamación de indemnización por daños y perjuicios.

b. Delimita el problema: los hechos. Explica el camino procesal: ¿qué sucede en las diversas instancias?

Camino procesal:

— 1.ª Instancia (juzgado): Desestima la demanda, pierde Casilda.

— 2.ª Instancia (apelación): Desestima la demanda, pierde Casilda.

— TS: Gana Casilda parcialmente, se le concede un 20 % de la indemnización que pedía, que tiene que pagarle Comercial Farmacéutica Castellana SA.

c. Recoge la norma o normas y los argumentos que se discuten principalmente en el caso, y en las que se apoyan las partes.

Art. 1902 CC.

Arts. 135 y ss. LGDCYU.

Art. 12 LGDCYU.

Real Decreto 1341/1985, Código Alimentario Español.

d. Explica el fallo de la sentencia. ¿Cuál fue la decisión del tribunal y cuál su fundamento jurídico? ¿Cuáles son los motivos fundamentales que justifican aquella?

Fallo a favor de Casilda: Se le indemniza con el 20 % de 6 millones de pesetas. Responsabilidad que se impone solidariamente a Comercial Farmacéutica Castellana SA.

Las razones son:

— Arts. 135 y ss. LGDCYU.

— Art. 12 LGDCYU: actuar culposo o negligente por haber infringido el deber de información acerca del producto expedido.

— Real Decreto 1341/1985, Código Alimentario Español. Los productos que no reúnan esas condiciones deberán especificar claramente en sus etiquetas la advertencia de «no apto para el uso doméstico».

— Indicación inexacta o ausencia de indicaciones sobre sus cualidades específicas o su modo de empleo, incumplimiento del deber de orientar al usuario.

— Compensación de culpas.

38. Fernanda S. L. compró seis botellas de cerveza Cruzcampo en una tienda de ultramarinos próxima a su domicilio. Sin dilación, se dirigió a su domicilio y dejó en un rincón de la cocina, en el lado opuesto a la cocina de gas que no estaba encendida, todo el acopio que había traído. Cinco o diez minutos más tarde, con la intención de ir colocando la compra, se inclinó sobre las bolsas donde estaban los alimentos y, justamente en ese momento, explotó una de las botellas de cerveza. Desgraciadamente, entraron cristales en su ojo izquierdo. Después de varias intervenciones quirúrgicas que intentaron evitar la pérdida del ojo, quedó ciega. Interpone ahora una demanda contra la fabricante de las botellas, La Cruz del Campo SA. ¿Tendrá éxito su reclamación, y de qué depende que lo tenga? ¿En qué normas puede apoyarse? Véase la STS del 23/6/93, RJ 1993/5380.

a. Fija claramente las posiciones enfrentadas de las partes: quién es el demandante, quién es el demandado y la causa de pedir.

Demandante: Fernanda.

Demandado: La Cruz del Campo SA.

Responsabilidad extracontractual. Indemnización de daños y perjuicios por pérdida de un ojo consecuencia de la explosión de una cerveza.

b. Delimita el problema: los hechos. Explica el camino procesal: ¿qué sucede en las diversas instancias?

Fernanda pierde la visión de un ojo como consecuencia de la explosión de una botella de cerveza Cruzcampo.

Reclama 10 millones de pesetas como indemnización.

Camino procesal:

— 1.ª Instancia (juzgado): Desestima la demanda, pierde Fernanda. Por no acreditar la culpa ni la defectuosa elaboración o envasado, debiéndose reputar caso fortuito.

— 2.ª Instancia (apelación): Estima parcialmente la demanda. Condena a La Cruz del Campo SA a indemnizar a Fernanda con 5 millones de pesetas.

— TS: Confirma la sentencia de la audiencia salvo la condena en costas, gana Fernanda 5 000 000 pta

c. Recoge la norma o normas y los argumentos que se discuten principalmente en el caso, y en las que se apoyan las partes.

Art. 1902 CC.

Arts. 135 y ss. LGDCYU.

Art. 1105 CC.

Indefensión, presunción de inocencia.

d. Explica el fallo de la sentencia. ¿Cuál fue la decisión del tribunal y cuál su fundamento jurídico? ¿Cuáles son los motivos fundamentales que justifican aquella?

Fallo a favor de Fernanda, se le indemniza con 5 millones de pesetas. Responsabilidad que se impone a la empresa fabricante de la cerveza.

Las razones son:

— Ni a la víctima le corresponde la prueba de que el fabricante no ha cumplido con las precauciones adecuadas en el proceso productivo ni este puede liberarse de su responsabilidad probándolo ni por último a la víctima le corresponde probar que ha obrado con toda corrección en el uso y consumo, sino al fabricante la prueba de que fue incorrecto para liberarse de su obligación de responder. Es la culpa de la víctima lo que la exime y es prueba que corresponde al fabricante.

— Solo exime de responsabilidad la culpa exclusiva de la víctima.

— La Cruz del Campo SA debió demostrar, o intentarlo siquiera, que tal y como describe el accidente la demandante no pudo suceder, por lo que debió tener su causa en un uso incorrecto de la botella. Lo que no es admisible es que la práctica procesal de brazos caídos, no haciendo absolutamente nada en el período probatorio, dé resultados acogiéndose en casación a motivos constitucionales.

39. La señora Pérez ha tenido una inundación en su cocina, debido a un defecto del filtro del frigorífico, que le ha provocado daños por valor de 3.397 €. Afortunadamente tiene un seguro de hogar con SegurCaixa que le cubre el problema, vino el perito de la compañía, y ya le han indemnizado. Ahora la aseguradora reclama contra la empresa SMEG España SA (la suministradora del filtro defectuoso) el importe abonado a la señora Pérez, con apoyo en la LGDCYU SAP de Barcelona del 29/11/04, AC 2004/2017.

40. Neoplast SA, una empresa que trabaja con plásticos, suele comprar sus máquinas en *leasing*. Una de las máquinas que utilizaba en virtud de un contrato de arrendamiento financiero (que había celebrado con la entidad Iberleasing SA) explota. La explosión tuvo su origen en el interior de la máquina plastificadora, según afirma Neoplast, y ha producido daños en la propia máquina, en la estructura de la nave industrial, y otros perjuicios cuya cuantía se estima en 23 204 053 pta Gracias a un contrato de seguro que Neoplast tenía contratado con la empresa Gan España Seguros Generales y Vida recibió la indemnización correspondiente. Ahora la aseguradora Gan España, que ha cubierto los daños, inicia un pleito para delimitar las responsabilidades, subrogándose en la posición de Neoplast. En este sentido, la máquina siniestrada había sido comprada a la entidad italiana Paperplast International SCL, que tenía contratado un seguro de responsabilidad civil con la entidad Riunione Adriática di Sicurta, entidad que está representada en España por

Allianz Ras, Seguros y Reaseguros SA. ¿Tendrá éxito su demanda? Véase la STS del 16/3/07, RJ 2007/1859.

3.3. Régimen matrimonial

41. Luisa Sánchez se casó hace seis años con Roberto Gálvez, dueño de una zapatería, rigiéndose el matrimonio por el régimen de sociedad de gananciales. El negocio no marcha bien, y ante la amenaza de los acreedores han decidido estipular en capitulaciones matrimoniales separación de bienes, adjudicando a Luisa el piso y el coche. El banco insta el embargo del piso y de un apartamento que Luisa heredó de su padre. ¿Podrá el banco embargar las viviendas que figuran en el RP a nombre de Luisa? ¿Y el coche? Véase la STS 18/3/ 95, RJ 1995/1962, y arts. 6-12 Ccom.

4. Colaboradores del empresario

42. Pablo V., en representación de su padre, Francisco V., reconoció adeudar a la sociedad Philips Ibérica SAE el 9/12/86 más de 12 millones de pesetas como consecuencia de relaciones comerciales, comprometiéndose a pagarlos mediante un conjunto de letras de cambio que aceptó en el acto. La sociedad Philips Ibérica SAE reclama el importe de las letras que no fueron atendidas a su vencimiento, y demanda a Francisco. Francisco contesta a la demanda alegando la falta de poder en su hijo para vincularlo con la firma de esas letras. ¿Le dará la razón el tribunal a Francisco? Véase la STS del 7/5/93, RJ 1993/3462.

a. Fija claramente las posiciones enfrentadas de las partes: quién es el demandante, quién es el demandado y la causa de pedir.

Demandante: Philips Ibérica SAE.

Demandado: Francisco V.

Se reclaman 12 635 814 pta Deuda representada en un conjunto de letras de cambio.

El demandado alega que las letras fueron firmadas por su hijo, no por él. No tiene poder de representación.

b. Delimita el problema: los hechos. Explica el camino procesal: ¿qué sucede en las diversas instancias?

Pablo firmó una serie de letras de cambio en representación de su padre. Actuaba de hecho como gerente de la empresa, pero al vencimiento el padre, que es el empresario, pretende no pagar alegando la falta de poder de representación de su hijo.

Camino procesal:

— 1.ª Instancia (juzgado): Gana Francisco.

— 2.ª Instancia (apelación): Gana Philips Ibérica SAE.

— TS: Gana Philips Ibérica SAE.

c. Recoge la norma o normas y los argumentos que se discuten principalmente en el caso, y en las que se apoyan las partes.

Art. 286 Ccom.

d. Explica el fallo de la sentencia. ¿Cuál fue la decisión del tribunal y cuál su fundamento jurídico? ¿Cuáles son los motivos fundamentales que justifican aquella?

Fallo a favor de Philips Ibérica SAE: se le tienen que pagar todas las letras de cambio.

Las razones son:

— Aplicación del art. 286 Ccom: Pablo es factor notorio de su padre, este artículo tiene aplicación. Firmó las letras en representación y actuaba dentro del giro o tráfico habitual del negocio. Por lo tanto, su firma vincula al empresario principal que no puede ahora desentenderse del pago de las letras.

43. El registrador suspende la inscripción de una escritura de revocación de un poder, otorgada en nombre y representación de un banco por un apoderado, director general consejero y secretario del Consejo de Administración. Este apoderado tiene atribuidas las siguientes facultades en la escritura que le confirió sus poderes: administrar, regir y gobernar en toda su amplitud al Banco Central, ostentando su representación con el uso de la firma social en cuantos actos, contratos y negocios tuviere interés o fuera parte del mismo, aceptar toda clase de mandatos otorgados por terceras personas en favor del banco, retribuidos o gratuitos, designar abogados y procuradores y conferir poderes incluso especiales, a favor de quienes estime conveniente, con cuantas facultades juzgue oportuno conferir. El registrador no acepta la revocación por no tener facultades el apoderado para revocar poderes. El apoderado recurre esta decisión ante la Dirección General de los Registros y del Notariado. ¿Qué argumentos puede utilizar en su recurso? Véase la RDGRN del 14/3/96, RJ 1996/1855.

44. Emilio lleva dieciocho años trabajando para Construcciones Residenciales y Sociales SA, en calidad de jefe de ventas de la empresa. Con vistas a la venta de un inmueble entró en negociaciones con Juan Miguel que le entregó 1 800 000 pta a título de reserva para la compra, y él le dio las llaves, por lo que el comprador se encuentra viviendo actualmente en el piso. Emilio hizo suyas las cantidades entregadas y desapareció, abusando de las facultades y de la confianza de su principal. La empresa pretende ahora recuperar la propiedad del inmueble. ¿Tiene

derecho Juan Miguel a la propiedad del inmueble? Véase la STS del 22/6/89, RJ 1989/4776.

a. Fija claramente las posiciones enfrentadas de las partes: quién es el demandante, quién es el demandado y la causa de pedir.

Demandante: Construcciones Residenciales y Sociales SA.

Demandado: Juan Miguel.

Responsabilidad contractual. El demandante pretende recuperar la propiedad de un piso que ocupa Juan Miguel. El demandado reconviene, quiere recuperar 1 800 000 pta que pagó como reserva del piso.

b. Delimita el problema: los hechos. Explica el camino procesal: ¿qué sucede en las diversas instancias?

Juan Miguel entró en negociaciones con Emilio, jefe de ventas de la empresa Construcciones Residenciales y Sociales SA, y le abonó 1 800 000 pta como reserva de un piso, faltando la determinación del precio final del inmueble.

El jefe de ventas le dio las llaves y ahora Juan Miguel ocupa ese piso.

La empresa inmobiliaria quiere ahora recuperar el piso. Mantiene que su empleado no tenía poder suficiente para vincularlo, que el contrato no es válido.

Camino procesal:

— 1.ª Instancia (juzgado): Se estima la demanda y también la reconvención.
  La inmobiliaria recupera el piso y Juan Miguel recupera 1 800 000 pta.

— 2.ª Instancia (apelación): Confirma la s. de 1.ª Instancia.

— TS: Confirma la sentencia de la Audiencia.

c. Recoge la norma o normas y los argumentos que se discuten principalmente en el caso, y en las que se apoyan las partes.

Art. 292 Ccom, apoderados singulares.

Art. 1710 CC, mandato.

Art. 1903 CC, actuaciones de los dependientes.

Arts. 1275, 1261 y 1274 CC, simulación.

Art. 1257 CC, efectos de los contratos.

Art. 1904 CC, *actio de in rem verso.*

d. Explica el fallo de la sentencia. ¿Cuál fue la decisión del tribunal y cuál su fundamento jurídico? ¿Cuáles son los motivos fundamentales que justifican aquella?

Fallo a favor de ambas partes.

Las razones son:

— El contrato que firmó Emilio como jefe de ventas, apoderado singular de la inmobiliaria, vincula al empresario principal, ya que fue concluido dentro de su ramo de actividad, art. 292 Ccom.

— Aun en el supuesto de extralimitación en el uso del poder, esas limitaciones no pueden trascender a quien contrató de buena fe. De otra manera se vería frustrada la seguridad jurídica.

— Principios de seguridad jurídica y protección de los terceros de buena fe.

— No se imponen a un tercero los efectos de un contrato de préstamo, no hubo contrato de préstamo, simplemente se le imponen a la inmobiliaria las consecuencias de una actuación de su dependiente, culpa *in vigilando* o *in eligendo,* art. 1903 CC.

— Posible acción *de in rem verso,* art. 1904 CC, contra Emilio.

45. A. M., director gerente del Hotel Port del Compte, aceptó letras de cambio para el pago de 6 284 161 pta, deuda contraída por suministros de carne que efectuaba periódicamente al hotel el empresario Antonio S. G. La empresa dueña del hotel es Etoan SA (es la empresa para la que trabaja A. M.). Antonio, el carnicero, a quien se deben los 6 284 161 pta, reclamó ante el Juzgado de 1.ª Instancia que correspondía el pago de esa cantidad. Etoan se niega a pagar manteniendo que A. M., el director gerente del hotel, no tenía poder bastante para firmar letras de cambio, y que por tanto su actuación no vincula a la empresa. A. M. no contaba con un poder inscrito en el RM. ¿A quién darán la razón los tribunales, y por qué? Véase la STS del 18/11/1996, RJ 1996/8361.

a. Fija claramente las posiciones enfrentadas de las partes: quién es el demandante, quién es el demandado y la causa de pedir.

Demandante: Antonio S. G.

Demandado: Etoan SA.

Responsabilidad contractual. Pago del precio de suministros de carne 6 284 161 pta.

b. Delimita el problema: los hechos. Explica el camino procesal: ¿qué sucede en las diversas instancias?

Camino procesal:

— 1.ª Instancia (juzgado): Gana Etoan SA.

— 2.ª Instancia (apelación): Gana Antonio 6 284 161 pta + intereses.

— TS: Confirma la sentencia de la Audiencia; gana Antonio.

c. Recoge la norma o normas y los argumentos que se discuten principalmente en el caso, y en las que se apoyan las partes.

Arts. 1100 y 1108 CC: intereses.

Arts. 284 y 286 Ccom, factor notorio.

Arts. 1170 y 1259 CC.

Art. 9 LCYCH.

d. Explica el fallo de la sentencia. ¿Cuál fue la decisión del tribunal y cuál su fundamento jurídico? ¿Cuáles son los motivos fundamentales que justifican aquella?

Fallo a favor de Antonio.

Las razones son:

— La firma del director-gerente del hotel en las letras de cambio, método de pago de la carne, es válida, y vincula a la empresa principal, que tiene que pagar los suministros porque es factor notorio del establecimiento, es aplicable el art. 286 Ccom.

— El hecho de que en la primera letra solo aparezca la firma del gerente no significa que la hubiera aceptado en nombre propio.

— Las amplias facultades que corresponden al factor, no las limita el art. 9 LCYCH, que, si bien exige en los supuestos de poner la firma en nombre de otro hallarse debidamente autorizado para ello, con poder de las personas en cuya representación actúan, no excluye el apoderamiento privado, verbal ni el tácito (arts. 1710 y 1259 CC). En los factores notorios se da el mismo y la consecuente representación del principal, aun careciendo de específico poder inscrito en el RM.

— La actividad entra dentro del giro o tráfico habitual del negocio.

46. La empresa Mediterránea Algodón SA se niega a atender el pago de una serie de partidas de algodón, correspondientes a la campaña agrícola del año 2002-2003 que le había vendido la entidad Coto Bajo, Explotaciones Agrícolas, Ganaderas y Cinegéticas SA. Alega para rechazar el pago del precio de la mercancía que el algodón estaba en malas condiciones y que después no pudo utilizarlo adecuadamente, perdiendo determinadas subvenciones de las que se beneficiaba desde hacía tiempo. Ante la negativa de pago, Coto Bajo demanda a la empresa compradora reclamándole el pago del precio, y se apoya para ello en los albaranes que obran en su poder y en los que se acredita la recepción de la mercancía en los almacenes de Mediterránea Algodón SA, sin que el firmante y factor de la empresa demandada (un tal Casimiro) hiciese alegación ninguna sobre la calidad del algodón. ¿Tendrá éxito la demanda? ¿De qué dependerá? Véase la SAP de Sevilla, del 12 de mayo de 2005, JUR 2005/192340.

a. Fija claramente las posiciones enfrentadas de las partes: quién es el demandante, quién es el demandado y la causa de pedir.

Demandante: Coto Bajo, Explotaciones Agrícolas, Ganaderas y Cinegéticas.

Demandado: Mediterránea Algodón SA.

Responsabilidad contractual. Pago del precio de una serie de partidas de algodón 2002-2003.

b. Delimita el problema: los hechos. Explica el camino procesal: ¿qué sucede en las diversas instancias?

Camino procesal:

— 1.ª Instancia (juzgado): Gana Coto Bajo, 97 566,11 € + intereses.

— 2.ª Instancia (apelación): Gana Coto Bajo, 97 566,11 € + intereses.

c. Recoge la norma o normas y los argumentos que se discuten principalmente en el caso, y en las que se apoyan las partes.

Art. 1204 CC, requisitos para la novación contractual.

Arts. 292, 288, 283, 284, 287 y 290 Ccom.

Art. 286 Ccom, factor notorio.

d. Explica el fallo de la sentencia. ¿Cuál fue la decisión del tribunal y cuál su fundamento jurídico? ¿Cuáles son los motivos fundamentales que justifican aquella?

Fallo a favor de Coto Bajo.

Las razones son:

— La novación contractual, el cambio en el lugar de entrega de la mercancía, es válida.

— La firma de Casimiro en el documento de recepción de las mercaderías, cuando llegaban las partidas de algodón, es válida, y vincula a la empresa principal, que tiene que pagar el algodón. Factor notorio, art. 286 Ccom.

5. Defensa de la competencia

Dígase si las siguientes conductas violan alguna ley. ¿Son impugnables?

47. El art. 12 del Reglamento de la Denominación de origen Cava, OM del 14/11/91, prescribe que la denominación *cava* corresponde a botellas de vino espumoso con un período de fermentación en botella superior a los 9 meses. La empresa Freixenet estuvo vendiendo durante los años 1995 y 1996 19 932 669 botellas de vino espumoso con la denominación de cava y con un período de fermentación inferior a los nueve meses que exige la norma. En este contexto, la empresa Codorníu denuncia a Freixenet ante el Servicio de Defensa de la Competencia, por conductas prohibidas por los arts. 6 y 7 LDC. Véase la Resolución del Tribunal de Defensa de la Competencia de 26 de febrero de 2004, AC 2004/328.

El TDC (ahora sería la CNMC) considera ilícito el comportamiento de Freixenet por vulnerar el art. 3 LDC en combinación con el art. 15 LCD. Sin embargo, a pesar de la ilicitud, no se le impone una multa porque no se pudo probar, a ojos del tribunal, el daño a Codorníu. Se le intimó a cesar en su comportamiento, pero no se le impuso una multa. En la resolución hay un voto particular muy interesante que discrepa de los razonamientos del tribunal para la no imposición de la multa.

48. La Asociación Española de Alquiladores de Maquinaria para la Construcción e Industria sin Operador pretende crear un registro de morosos, con la intención de que sus miembros ganen seguridad en sus transacciones comerciales, evitando operaciones con clientes de escasa fiabilidad. Dicho registro supone un compromiso entre empresarios del mismo gremio de transmisión de información a propósito de sus clientes. Y sin duda condiciona la estrategia comercial de las empresas que forman la asociación. ¿Vulnera alguna ley la creación de dicho registro? Véase la resolución del TDC del 18 de marzo de 1997, AC 1997/889 y RTDC del 18 de julio de 2002, JUR 2002/230131 (prórroga de autorización). Sobre creación de ficheros de información sobre la solvencia de clientes de establecimientos financieros puede verse la STS del 25/9/07, RJ 2007/6306.

Es un ejemplo de autorización singular, ahora con la legislación vigente, se aplicaría el art. 6 LDC, declaraciones de inaplicabilidad. La creación del registro es lícita porque ha sido objeto de autorización singular (ahora sería declaración de inaplicabilidad). También es interesante mencionar en este caso el art. 5 LDC, conductas de menor importancia, quizá también aplicable en la actualidad.

49. El Colegio Oficial de Arquitectos de Andalucía Oriental ha interpuesto una denuncia ante el Tribunal de Defensa de la Competencia contra el Ayuntamiento de San Fernando y el Colegio Oficial de Aparejadores y Arquitectos Técnicos de Cádiz y Ceuta por realizar prácticas prohibidas por la LDC consistentes en la fijación de tarifas y exclusión del mercado de otros profesionales. ¿Tendrá éxito su reclamación teniendo en cuenta que los profesionales titulados no son considerados por el Derecho mercantil empresarios en sentido estricto? ¿Están obligados los profesionales titulados a respetar las normas de la lícita competencia? Véase la resolución del 29 de diciembre de 1998 del Tribunal de Defensa de la Competencia, AC 1998/9057.

El Colegio de Arquitectos sí que está obligado a respetar la LDC, véase la disposición adicional 4.ª, *Definiciones* de la LDC. Afecta la norma a todos los operadores económicos en el mercado. Y, en consecuencia, el sistema de fijación de precios de los arquitectos infringe el art. 1 LDC.

50. La Generalitat de Cataluña aprueba un decreto que regula la producción, distribución y venta del pan en la comunidad autónoma, repartiendo el territorio

para que ninguna zona quede sin aprovisionamiento. Consúltese la STS del 15/6/1996, RJ 5248/1996.

La Administración pública también está obligada a respetar la LDC (disposición adicional 4.ª LDC), pero el interés general y el bien común permiten a la Generalitat organizar la venta del pan de manera que ninguna zona quede desabastecida. La norma cuestionada es lícita.

51. Los panaderos de Zaragoza venden el pan a 50 céntimos la barra de 200 gramos. No existe un acuerdo entre ellos, pero se observa la coincidencia de la subida de idénticos precios en fechas muy próximas respecto de los formatos de pan vendidos, sin que exista explicación lógica o natural de la situación así creada en 16 establecimientos. Véase la RTDC del 4/3/2005, AC 2005/317.

Infracción del art. 1 LDC, no hace falta demostrar el acuerdo, es suficiente con poder probar el efecto de ese acuerdo que es la conducta o práctica restrictiva.

52. Los empresarios de la línea blanca hacen un pacto según el cual ninguno ofrecerá garantía por sus productos superior a un año. Antes de que hubiesen podido poner en práctica dicho pacto son denunciados, de modo que en realidad nunca comenzaron a actuar en consonancia.

Infracción del art. 1 LDC.

53. El Gremi de Rajolers de Catalunya solicita al TDC autorización singular para un modelo de contrato de compraventa por suministro que la asociación pone a disposición de los profesionales del sector del ladrillo para su relación con los contratistas y subcontratistas de obras. Véase la RTDC del 19 de julio de 1996, AC 1996/1463.

Infracción del art. 1 LDC. No consiguen la autorización singular.

54. La Administración al redactar los pliegos de condiciones para poder concursar a la contratación de una obra, establece que la distancia máxima a la que puede estar situada la empresa de esa obra son 75 km, dato que deja reducidas a una a las empresas competidoras. Véase la STS del 3/6/1996, RJ 5136/1996.

La Administración pública también está obligada a respetar la LDC (disposición adicional 4.ª LDC). Se anuló la cláusula del pliego que exigía esa distancia máxima de 75 km. Pliegos ilegales por vulnerar la LDC.

55. Varias empresas editoras de prensa del corazón acuerdan un precio único de venta de sus revistas, y de hecho las venden a ese precio. Véase la STS del 12/6/1996, RJ 5459/1996.

Infracción del art. 1 LDC.

56. Las cooperativas de crédito miembros de la Asociación Española de Cajas Rurales hacen un reparto geográfico del territorio español. Véase la resolución del TDC del 13 de julio de 1998, AC 1998/9041.
Infracción del art. 1 LDC.

57. Tabacalera vende a pérdida los Farias. Véase la Resolución del TDC del 6 de febrero de 1999, AC 1999/2619.
Infracción del art. 1 LDC.

58. Una empresa eléctrica como parte de una campaña de promoción de sus ventas hace regalos de gran valor (electrodomésticos). Véase la Resolución del TDC de 5 de mayo de 1999, AC 1999/1177.
Infracción del art. 1 LDC y de la LOCM.

59. La empresa Bayer AG (sociedad multinacional alemana) prohíbe a sus mayoristas franceses exportar los productos ADALATE y ADALATE 20 mg LP y a sus mayoristas españoles exportar los productos ADALAT y ADALAT RETARD desde Francia y España a otros Estados miembros de la UE. La prohibición viene siendo incluida por Bayer España (filial de Bayer AG) desde 1989 en los acuerdos de distribución con los mayoristas españoles y desde 1991 por Bayer Francia (filial de Bayer AG) en los acuerdos de distribución con los mayoristas franceses. Véase la decisión de la Comisión del 10 de enero de 1996 (ADALAT, Doce n.º L 201, del 9/8/96, pp. 1-80).
La Comisión Europea impuso una multa muy elevada a Bayer AG, pero después el Tribunal de Justicia de la UE anuló la multa. Supuesto de un tema muy complejo, importaciones paralelas de medicamentos, donde la Comisión se enfrentó a una farmacéutica. Aunque al final perdió, tenía razón. El comportamiento de la multinacional vulnera el art. 101 TFUE: es un acuerdo restrictivo de la competencia, ilícito en consecuencia.

60. En relación con un concurso público para la ejecución de programas subvencionados de turismo en temporada baja (Imserso) se produjo una colaboración entre empresas competidoras consistente en un entramado de acuerdos destinados a convertir un concurso público para obtener una concesión en un procedimiento ficticio e irrelevante. Las empresas implicadas concurrieron a título individual al concurso, pero habían acordado que, fuera cual fuera el resultado del concurso, se ejecutaría en la manera concertada entre ellas, a través de Mundo

social AIE, asociación de interés empresarial creada años antes por las agencias de viaje que concurrían a tal objeto. Véase la STS del 18/12/07, RJ 2007/9084.

Infracción del art. 1 LDC.

61. Varias entidades financieras y empresas titulares de los sistemas de medios de pago sobre tarjetas de crédito acuerdan excluir a establecimientos comerciales con prácticas irregulares. También acuerdan el procedimiento a seguir ante el uso fraudulento de las tarjetas. Véase la STS del 14/2/07, RJ 2007/851.

Infracción del art. 1 LDC.

62. Repsol realiza un procedimiento de homologación de consignatarios de buques que impide a quienes no acepten las condiciones impuestas unilateralmente por la empresa operar en las terminales de carga y descarga de los puertos de Cartagena, La Coruña, Málaga y Tarragona, donde Repsol es titular de la concesión administrativa. Evita de este modo que los navieros puedan elegir a otros consignatarios no homologados, por precios diferentes. Véase la STS del 26/6/07, RJ 2007/3924.

Infracción del art. 1 LDC.

6. Competencia desleal

63. Tomasa y Jesús Luis habían sido trabajadores de El Derecho, pero en los años 2005 y 2003, respectivamente, se integraron en otra empresa, Wolters Kluwer, con el mismo tipo de actividad. Tenían conocimiento de algunas claves de acceso a las bases de datos *online* comercializadas por El Derecho y ambos las utilizaron desde el servidor de Wolters Kluwer. Prevaliéndose de las prerrogativas de administrador de sus claves, provocaron la expulsión de los usuarios de la base de datos mediante el corte de conexión. Así, Jesús Luis, delegado de La Ley en Cataluña y Tomasa, gestora de grandes cuentas, empleados ambos de Wolters Kluwer, utilizando los medios de dicha empresa, y sirviéndose de la contraseña de usuarios privilegiados de la que disponían en su anterior trabajo y la de antiguos compañeros de El Derecho, procedieron sistemáticamente, a partir del mes de junio de 2005, al cierre de sesiones de los usuarios, generando numerosas quejas entre los clientes. Los accesos se produjeron de forma continuada y los cierres de sesión se efectuaron de forma masiva. Los actos de sabotaje sobre la utilización de un producto de reciente implantación, la base de datos de El Derecho, imprescindible además para mantener la posición competitiva de la empresa, se muestran objetivamente idóneos para afectar a dicha posición y para alterar las decisiones de consumo adoptadas por sus clientes, al margen de que también se revele la

intención de perjudicar la implantación del nuevo producto de El Derecho, y ello con independencia de que lo hubieran logrado o no, lo que sucedió, al menos hasta que se descubrió el origen del problema y se adoptaron medidas de protección frente a los ataques para intentar evitar cualquier perjuicio a sus clientes. El daño deriva de actos de sabotaje continuados y masivos, creando la sensación de continuos fallos en la base de datos *online,* producto no solo nuevo, cuya implantación en el mercado se iniciaba, sino fundamental para mantener la capacidad competitiva, afectando de manera negativa a la imagen de la empresa. Lee la STS del 8 de abril de 2014, RJ 2014/2593.

a. Fija claramente las posiciones enfrentadas de las partes: quién es el demandante, quién es el demandado y la causa de pedir.

Demandante: El Derecho Editores SA.

Demandado: Wolters Kluwer España SA.

Causa de pedir: El Derecho demanda a Wolters Kluwer pretendiendo la declaración de que los actos realizados por sus trabajadores Tomasa y Jesús Luis constituyen actos de competencia desleal por ser objetivamente contrarios a la buena fe, y se condene a la empresa:

— Al pago a El Derecho Editores de 80 757,27 €, en concepto de costes que tuvo que asumir para descubrir los actos realizados por los empleados de Wolters Kluwer.

— Al pago a El Derecho Editores de 500 000 € por el perjuicio para su imagen.

— A la publicación, a su costa, de la sentencia condenatoria que eventualmente se dicte en el presente procedimiento en los diarios *El País* y *ABC* o en otros medios de difusión en toda España.

— A satisfacer las costas del procedimiento.

b. Delimita el problema: los hechos. Explica el camino procesal: ¿qué sucede en las diversas instancias?

— 1.ª Instancia: Pierde El Derecho Editores SA.

— 2.ª Instancia: Gana El Derecho Editores SA.

— El TS confirma la sentencia de la audiencia, gana finalmente El Derecho Editores SA.

c. Recoge la norma o normas y los argumentos que se discuten principalmente en el caso, y en las que se apoyan las partes.

Arts. 2, 5 (actualmente 4.1), 18 (actualmente 32.5) y 20 LCD.

Arts. 1902 y 1903 CC.

d. Explica el fallo de la sentencia. ¿Cuál fue la decisión del tribunal y cuál su fundamento jurídico? ¿Cuáles son los motivos fundamentales que justifican aquella?

Fallo a favor de El Derecho Editores SA.

Motivos:

— Resulta plenamente aplicable al caso la Ley de Competencia Desleal.

— El daño moral es perfectamente indemnizable, no es desproporcionada la indemnización que pide El Derecho Editores SA.

— Plena aplicación del art. 1903 CC, responsabilidad del empresario por los daños de sus empleados.

64. Hijo de Teodoro Prat SA, empresa que funcionaba bien y venía teniendo importantes beneficios desde el comienzo de su andadura, sufre pérdidas increíblemente elevadas en 1980 debido a la disminución drástica de sus ventas. Las pérdidas continuaron en 1981. Al principio, los gerentes no encontraban explicación, pero hablando con exclientes descubrieron que ahora el suministrador de todos era Intelhorce SA. Casualmente descubren también que un empleado a quien despidieron, José M.ª, trabaja ahora para Intelhorce SA. Entonces Hijo de Teodoro Prat SA demanda a Intelhorce SA y a José M.ª con apoyo en el art. 1902 CC porque este había entregado a Intelhorce los muestrarios y la lista de clientes de la actora. ¿Tiene posibilidades de éxito? Razona tu respuesta. Véase la STS del 11/2/93, RJ 1459.

a. Fija claramente las posiciones enfrentadas de las partes: quién es el demandante, quién es el demandado y la causa de pedir.

Demandante: Hijo de Teodoro Prat SA.

Demandado: Intelhorce SA, Antonio y José M.ª.

Causa de pedir: indemnización por daños y perjuicios de 800 000 000 de pesetas.

b. Delimita el problema: los hechos. Explica el camino procesal: ¿qué sucede en las diversas instancias?

— Juzgado de 1.ª Instancia: Estima en parte la demanda, se condena a los demandados a pagar 230 452 330 pta.

— Audiencia Provincial (segunda instancia): Absuelve a los demandados.

— TS: Estima el recurso, pero reduce la indemnización a 138 271 140 pta.

c. Recoge la norma o normas y los argumentos que se discuten principalmente en el caso, y en las que se apoyan las partes.

Arts. 1902 y 1903 CC.

d. Explica el fallo de la sentencia. ¿Cuál fue la decisión del tribunal y cuál su fundamento jurídico? ¿Cuáles son los motivos fundamentales que justifican aquella?

Fallo a favor de Hijo de Teodoro Prat SA.

Motivos:

— Aplicación del art. 1902 del CC: las pérdidas que acredita Hijo de Teodoro Prat SA, así como la realidad de la conducta de José M.ª e Intelhorce SA al utilizar muestrarios y listados de clientes de aquella empresa, permiten concluir que los perjuicios sufridos por Hijo de Teodoro Prat SA se hallan causalmente conectados con la acción culposa.

— Las conductas de José M.ª y los empleados de Intelhorce SA perjudican a Hijo de Teodoro Prat SA porque es indiscutible que la utilización por el personal de Intelhorce SA y por el propio José M.ª del material entregado por este, redundó en un aumento de sus ventas, en detrimento de las que habría podido realizar Hijo de Teodoro Prat SA.

— En la evolución comercialmente negativa de Hijo de Teodoro Prat SA influyeron diversos factores, pero eso no permite excluir la entrega de muestrarios y listados cuya realidad se reconoce, aunque ofrezca gran dificultad la determinación del alcance de cada cual.

— El comportamiento de José M.ª entregando los muestrarios y listado de clientes a Intelhorce SA y utilizándolo en su beneficio constituye una acción culposa e ilícita que genera responsabilidad.

— La responsabilidad de Intelhorce SA deriva del art. 1903 CC.

— El importe señalado en primera instancia (230 452 330 pta) ha de ser reducido en función de la indeterminación de operaciones concretas en que haya podido producirse y del momento exacto en que se realizó la conducta dañosa. Ponderando todas las anteriores circunstancias, se fija el importe de la indemnización en 138 271 140 pta, a cuyo pago se condena solidariamente a José M.ª e Intelhorce SA.

65. Una empresa de mantenimiento de ascensores envía una carta a una comunidad de propietarios en la que se lamenta por la resolución del contrato de mantenimiento de ascensor que mantenían y que se haya elegido para sustituirla a otra empresa que, según la carta, «[…] no ofrece ni mucho menos la solvencia de la primera firma de ascensores, y [que] además no figura como tal en la delegación de industria, ni como empresa conservadora […]». Véase la STS de 20/3/1996, RJ 1996/2246.

a. Fija claramente las posiciones enfrentadas de las partes: quién es el demandante, quién es el demandado y la causa de pedir.

Demandante: Begoña María, en nombre de la empresa Mantenimiento y Montaje de Ascensores.

Demandado: Zardoya Otis SA y José Luis HC.

Causa de pedir: se solicita la declaración de deslealtad de la actividad realizada por Zardoya Otis SA, el envío de una misiva rectificando la ofensa, la publicación de la sentencia y una indemnización de 250 000 pta.

b. Delimita el problema: los hechos. Explica el camino procesal: ¿qué sucede en las diversas instancias?

— 1.ª Instancia: Desestima la demanda, gana Zardoya Otis SA.

— 2.ª Instancia: Estima parcialmente la demanda de Begoña María y declara la deslealtad del acto consistente en las manifestaciones contenidas en el párrafo tercero de la carta, condena a Zardoya Otis SA a enviar un escrito a cada propietario de la comunidad, manifestándole que «rectifica el párrafo tercero de la carta que le envió con fecha 31/1/1991, con ocasión de la sustitución del ascensor de la casa, dejando aquel sin efecto». Se desestiman las demás peticiones de la demandante.

— TS: Declara no haber lugar al recurso, gana Begoña, pero no recibe indemnización alguna.

c. Recoge la norma o normas y los argumentos que se discuten principalmente en el caso, y en las que se apoyan las partes.

Arts. 1, 2, 5, 9 y 10 LCD.

Art. 7.1 CC.

d. Explica el fallo de la sentencia. ¿Cuál fue la decisión del tribunal y cuál su fundamento jurídico? ¿Cuáles son los motivos fundamentales que justifican aquella?

Fallo a favor de Begoña María.

Motivos:

— El comportamiento de Zardoya Otis SA se realizó en el mercado, ya que evidentemente tuvo trascendencia externa. Y con fines concurrenciales, que se presumen (art. 2.2 LCD) cuando, por las circunstancias en que se realice, el acto se revele objetivamente idóneo para promover o asegurar la difusión en el mercado de las prestaciones propias o de un tercero.

— La finalidad competencial de la carta es una realidad que no ofrece duda. Lo que Zardoya Otis dice lamentar no constituye una simple manifestación de disgusto, sino que atribuye a la empresa de Begoña una menor solvencia y no figurar en la Delegación de Industria, lo que objetivamente es idóneo para promover en el mercado la prestación propia, y ello porque se dice también que «estamos a su entera disposición para cualquier tipo de consulta que la Comunidad desee realizar», lo cual supone un ofrecimiento comercial.

— Aplicación del art. 9 LCD: Begoña figuraba y figura en el correspondiente Registro, con el número RI 09/3218, como titular de la empresa denominada Mantenimiento y Montaje de Ascensores General, y el demandado lo sabía. Es suficiente para negar que el contenido de la carta sea exacto, verdadero y pertinente, ya que crea la apariencia de que la comunidad de propietarios contrató con una empresa desprovista de las autorizaciones administrativas necesarias, circunstancia de primordial relieve por la naturaleza del servicio que presta. Begoña (titular de una participación del 48 % en la empresa y que tenía encargado su gobierno y dirección, así como su representación frente a terceros) contaba con las autorizaciones.

— Referirse a la solvencia en los términos de la carta también debe ser considerado acto de denigración. La comparación de la solvencia de una y otra empresa contraviene el art. 9 LCD.

— También concurre el requisito de publicidad en la comparación, por haberse dirigido la carta a una pluralidad de personas y sin que pueda encuadrarse en el ámbito de la privacidad, dada su relación con la actividad mercantil y la forma en que se produjo.

— Aplicación del art. 5 LCD (ahora sería el 4) conforme al cual se reputa desleal todo comportamiento que resulte objetivamente contrario a las exigencias de la buena fe. Es una cláusula general que establece un criterio de obrar, la buena fe, de alcance general, que subraya el contenido ético-social de las conductas y de los valores generales de honradez, propia responsabilidad y atenimiento a las consecuencias que todo acto consciente y libre puede provocar en el ámbito de la confianza ajena. Igual que sucede en el art. 7.1 CC, la objetivación del comportamiento permite excluir el análisis de la culpabilidad, y así se tipifican en la ley a continuación diversos actos, entre los que se encuentran los de denigración y comparación comprendidos en los arts. 9 y 10. La referencia por el tribunal al art. 5 es perfectamente adecuada.

66. La empresa alemana May y la empresa española MSA tenían un contrato de distribución en virtud del cual MSA era el importador en España del producto V que fabricaba May. El producto era enlatado en Alemania, pero en la etiqueta por supuesto, como el producto iba a ser distribuido en España, figuraba el nombre de la empresa española importadora. Un buen día, May decide terminar sus relaciones con MSA, y encarga de la distribución del producto V en España a su filial LSL. De hecho, a los pocos días de haber roto el contrato con MSA, May envía a LSL 1584 cajas de latas de V para su distribución en España. En las latas todavía

figuraban etiquetas antiguas en las que aparecía el nombre de la empresa MSA. MSA denuncia a May y a LSL por infringir los arts. 5, 6.1, 12.1 y 18.1 de la Ley de Competencia Desleal. Consúltese la Sentencia de la Audiencia de Barcelona del 7 de febrero de 1996, AC 1996/429.

67. Un hipermercado lanza una promoción de libros de texto y ofrece el 20 % de su valor como descuento en otros productos del mismo establecimiento (existe un real decreto que obliga a todo editor o importador de libros a ofrecer un precio fijo de venta al público). Véanse auto del 7/2/95 AP de Valladolid, y sentencia del 16/5/95, AC 1995/915.

68. Dos socios de una limitada se separan de esta y montan su propio negocio; envían a sus antiguos clientes información sobre sus productos y su nueva empresa. Véase la STS 6/6/97, RJ 1997/4611.

69. Debido al éxito del producto vendido bajo la marca Vidal Sassoon, champú y acondicionador en uno, absolutamente innovador en 1993, un empresario decide fabricar el mismo tipo de producto. Aunque lo comercializa bajo dos marcas distintas, Neymi y Tayko, que a todas luces no tienen ningún parecido con la del primer empresario, entre los envases de los productos y la leyenda y etiquetado de los mismos se observa cierta similitud. La empresa propietaria de la marca Vidal Sassoon demanda al propietario de Neymi y Tayko. ¿Tendrá éxito esta demanda? ¿En qué argumentos y qué leyes la pueden apoyar? Véanse la SAP Valencia del 5/5/93, AC 1993/1019 y la STS del 5/6/1997, RJ 1997/ 4608.

a. Fija claramente las posiciones enfrentadas de las partes: quién es el demandante, quién es el demandado y la causa de pedir.

Demandante: Procter y Gamble de España SA y Richarson-Vicks inc., propietarias de Vidal Sassoon.

Demandado: Sociedad Química de Perfumería y Color SA, titular de las marcas Neymi y Tayco.

Se entabla una demanda por competencia desleal: acción declarativa de la deslealtad, de cesación, de remoción de sus efectos e indemnización de daños y perjuicios.

b. Delimita el problema: los hechos. Explica el camino procesal: ¿qué sucede en las diversas instancias?

Camino procesal:

— 1.ª Instancia (juzgado): Ganan Neymi y Tayco: el distinto tamaño y diferente marca son suficientes para excluir el error.

— 2.ª Instancia (apelación): Gana Vidal Sassoon, salvo la indemnización de daños por no estar probados.

— TS: Confirma la sentencia de 1.ª Instancia; ganan Neymi y Tayco.

c. Recoge la norma o normas y los argumentos que se discuten principalmente en el caso, y en las que se apoyan las partes.

Arts. 2, 6 y 18 LCD.

Art. 11 LCD: la imitación de iniciativas empresariales ajenas es libre.

— Salvo:
  o   Derecho de exclusiva.
  o   Signos distintivos (marca o nombre comercial).
  o   Invenciones (patentes o modelos de utilidad o diseño industrial).
  o   Derecho de autor, ley de propiedad intelectual.

— Salvo riesgo de asociación o aprovechamiento indebido de la reputación ajena.

— La confusión del consumidor no se puede tolerar nunca.

d. Explica el fallo de la sentencia. ¿Cuál fue la decisión del tribunal y cuál su fundamento jurídico? ¿Cuáles son los motivos fundamentales que justifican aquella?

Fallo a favor de Neymi y Tayco.

Las razones son:

— Sistema de libertad de empresa, libre competencia y funcionamiento concurrencial en el mercado.

— Lo único que ampara a Vidal Sassoon es su marca denominativa, en la misma medida que a las demandadas las suyas, al carecer de patente.

— Las expresiones que reflejan esa doble prestación (dos en uno, lavar y listo…) no implican simplemente por ello competencia desleal, por más que puedan resultar incómodas para los competidores.

— Signos o expresiones genéricas no se pueden registrar como marca. Ni el color por sí solo.

— Los envases de Neymi y Tayco tienen botella ovalada, estándar con cuello y tapón de rosca, mientras que el de Vidal Sassoon de menor tamaño es frasco rectangular, con tapón de continuidad con pequeña pestaña para extraer el producto.

— Coincidencia en el tipo de letra y frases.

— Canon de la totalidad, visión de conjunto o sintética, revela si hay imitación idónea para generar asociación por parte de los consumidores respecto de la procedencia de la prestación o el aprovechamiento indebido de la reputación ajena.

— En esta visión conjunta los etiquetados tienen un carácter prevalente, por su encuadre y tamaño, las marcas Neymi y Tayco destacan. No se revela idoneidad para producir confusión. Lo que domina los envases son las marcas.

70. Un buen día, el gerente de una empresa que fabricaba muebles de cocina decide abandonarla. Y crea su propia empresa, dedicada al mismo tipo de negocio. En los catálogos de la nueva empresa creada incorpora las fotografías del mobiliario de que disponía gracias a su anterior cargo, y que fueron tomadas en la empresa en la que antes trabajaba como alto directivo. ¿Cómo podría evitar la antigua empresa que este directivo se aproveche así de las fotografías? Véase la SAP de Madrid de 13 de diciembre de 1994 (AC 1995/37).

71. Ángeles, que había estado trabajando durante doce años para Previsión Mecánica Naval de Canarias SA (Premenaca), cesó en su relación laboral, y en unión con su esposo decidió constituir una sociedad mercantil denominada Servicios, Importaciones y Exportaciones SL con un objeto social similar al de Premenaca. Posteriormente, el administrador de la sociedad acudió a la OEPM solicitando la inscripción como marca de la denominación Premenaca, así como del gráfico o diseño que siempre utilizaba. Un año y tres meses más tarde Premenaca impugna la solicitud de registro de marca que había hecho Ángeles. ¿Qué argumentos pueden utilizar a su favor ambas partes? ¿Cuál fue el fallo del tribunal? Véase la STS del 22 de enero de 1999, R. 631. Véase igualmente la STSJ Navarra del 28/7/2008, JUR 2008/320785.

72. Coca-Cola demanda a Pepsi por un anuncio que muestra primero un entorno triste, con una banda sonora lenta y apagada, que refleja el sentimiento de las personas que no consumen Pepsi, sino otras marcas de cola (no se menciona de forma expresa a Coca-Cola). Después la pantalla se llena de alegría y color, cuando el consumidor se decide por la Pepsi, y la banda sonora es muy animada y divertida. Ante este anuncio Coca-Cola entiende que Pepsi ha incurrido en publicidad comparativa denigratoria, pues, aunque no exprese el nombre de Coca-Cola, todo el mundo piensa en ella de forma inmediata al ver el anuncio. ¿Tendrá éxito esta demanda? ¿En qué leyes puede apoyar Coca-Cola su demanda? Véase la STS del 24 de febrero de 1997, RJ 1997/1195.

73. Una asociación de consumidores demanda a Citroën por entender engañoso un anuncio en el cual, al final, aparece en toda la pantalla o en todo el cartel publicitario la frase «ni un duro hasta abril». En verdad, sí era preciso hacer algún

desembolso en el momento de la compra del vehículo. Citroën se defiende explicando que un asterisco guiaba al consumidor a una pequeña leyenda donde se explicaban con exactitud las condiciones de la financiación. ¿Es engañoso, qué leyes se ven implicadas en el asunto? Véase la STS del 3 de febrero de 1995, RJ 1995/735 (que confirma la de la Audiencia de Madrid del 7 de octubre de 1991).

74. Unos grandes almacenes de Valencia practican descuentos en los libros violando el RD del 30 de junio de 1990 sobre precio fijo de venta al público impuesto por el editor. Véase la STS del 31 de marzo de 1999, R. 1720.

75. Se demanda por vulnerar la prohibición de venta a pérdida a una revista quincenal dedicada a publicar anuncios de compra y venta entre particulares que se regala al consumidor, pues se reparte de forma gratuita por los buzones. Véase la SAP de Cádiz del 12 de junio de 1992, AC 1992/847.

76. La sociedad mercantil Promoción y Planificación Hotelera SA (Protel) demanda a la sociedad Iberrail SA por competencia desleal. Entiende que han copiado el modelo de talonarios que cubren los servicios de hotel durante cinco días en establecimientos concertados. Protel denuncia la imitación por Iberrail del tipo de contrato que firma con los titulares de los establecimientos hoteleros para incorporarlos a su sistema de suministro de plazas, así como la del talonario que vende a la clientela y de los programas, catálogos o guías complementarios, por el riesgo de que los destinatarios de su oferta sufran error sobre el origen empresarial de la misma, además de un daño para la reputación de su producto y el aprovechamiento del esfuerzo que tuvo que emplear para lanzarlo al mercado. Afirma que Iberrail, al imitar sus creaciones materiales y formales, ha generado un riesgo de error en los consumidores sobre el origen empresarial, esto es, un peligro de confusión o de asociación perturbador del buen funcionamiento del mercado, en el sentido de errónea creencia del destinatario de la oferta, a la vista de la presentación del producto (art. 6 LCD) o de las características propias del mismo (art. 11.2 LCD), de que las prestaciones de actora y demandada son las mismas o, siendo distintas, proceden de la misma fuente empresarial o de distinta fuente, pero existiendo vinculaciones jurídicas o económicas entre una y otra que expliquen la semejanza. Véase la STS del 11 de mayo de 2004, RJ 2004/2731.
a. Fija claramente las posiciones enfrentadas de las partes: quién es el demandante, quién es el demandado y la causa de pedir.
Demandante: Promoción y Planificación Hotelera SA.
Demandado: Iberrail SA.

Se entabla una demanda por competencia desleal: acción declarativa de la deslealtad, de cesación, de remoción de sus efectos e indemnización de daños y perjuicios.

b. Delimita el problema: los hechos. Explica el camino procesal: ¿qué sucede en las diversas instancias?

Camino procesal:

— 1.ª Instancia (juzgado): Desestima, gana Iberrail.

— 2.ª Instancia (apelación): Desestima, gana Iberrail.

— TS: Confirma la sentencia de la Audiencia, gana Iberrail.

c. Recoge la norma o normas y los argumentos que se discuten principalmente en el caso, y en las que se apoyan las partes.

Arts. 5, 6, 7, 11 y 12 LCD.

Art. 11 LCD: La imitación de iniciativas empresariales ajenas es libre.

— Salvo:

   o   Derecho de exclusiva.

   o   Signos distintivos (marca o nombre comercial).

   o   Invenciones (patentes o modelos de utilidad o diseño industrial).

   o   Derecho de autor, ley de propiedad intelectual.

— Salvo riesgo de asociación o aprovechamiento indebido de la reputación ajena.

— La confusión del consumidor no se puede tolerar nunca.

d. Explica el fallo de la sentencia. ¿Cuál fue la decisión del tribunal y cuál su fundamento jurídico? ¿Cuáles son los motivos fundamentales que justifican aquella?

Fallo a favor de Iberrail.

Razones:

— La demandada no engaña a los destinatarios de su oferta con indicaciones sobre sus características o ventajas que sean incorrectas o falsas, no omite las verdaderas, lo que sitúa la denuncia fuera del ámbito del art. 7 LCD.

— No se ha probado que la prestación de Iberrail sea renombrada o reputada, esto es, reconocida en el mercado por su prestigio, crédito y buen nombre, lo que era necesario para poder afirmar que su competidora obtiene con la imitación una ventaja inmerecida mediante el aprovechamiento indebido de la reputación ganada por aquel producto, acto tipificado como desleal en el art. 11.2 LCD.

— No se ha probado el aprovechamiento del esfuerzo de Protel.

— No se da el tipo descrito en el art. 11.2 LCD pues no convierte en ilícita toda imitación, en contra de la regla general del art. 11.1, que declara la libertad de imitar las prestaciones e iniciativas empresariales ajenas.
— No existe riesgo de error. El tipo de contrato que Iberrail celebra con los hoteles, para incorporarlos a su red de suministro, no contiene dato alguno que le atribuya singularidad bastante para que, por medio de él, el destinatario identifique un origen profesional o empresarial determinado, de modo que la imitación o copia de su contenido no puede constituir el tipo que describe el art. 11.2 LCD.

77. Una asociación de consumidores publica un artículo informativo en el que hace constar que en la muestra de queso fresco de un determinado fabricante se había encontrado germen de listeria y faltaba la fecha de caducidad. Véase la STS del 3/2/2005, RJ 2005/1458, caso Eroski.

78. Un técnico de sonido de un grupo musical llamado Ángel Israel, inscrito en la Sociedad General de Autores con ese nombre por el titular del grupo, inscribe a su favor en la OEPM la marca Israel, y se promociona en el mercado musical como Ángel Israel, mediante actos que tratan de inducir a confusión con el grupo originario y a hacer creer a los terceros que existe una vinculación. Véase la STS del 6/7/2001, RJ 2001/543.

7. Marcas y propiedad industrial

79. Opina sobre las posibilidades de registrar las siguientes marcas para los productos indicados. Analiza todos los artículos de la LM que puedan entrar en conflicto en el caso en cuestión, y contrasta la corrección de tus ideas con las del tribunal, si existe una sentencia que solucionó el supuesto:

¿Se podrá registrar como marca Petit Suisse? Véase la STS del 2/12/89.

¿Se podrá registrar como marca Patatas Chips? Véase la STS del 1/7/71.

¿Se podrá registrar como marca Calmante Vitaminado? Véase la STS del 17/1/78.

¿Se podrá registrar como marca Multimueble España? Véase la STS del 23/3/80.

¿Se podrá registrar La Caixa de Cataluña? Véase la STS del 18/10/80.

¿Se podrá registrar como marca Cablevisión? Véase la STS del 31/10/79.

¿Se podrá registrar como marca Hotel Residencial Royal Plaza? Véase la STS del 30/3/88, R.1752.

¿Se podrá registrar como marca Telecopiadora? Véase la STS del 14/12/88, R.9839.

¿Se podrá registrar como marca Chiclitos? Véase la STS del 28/12/89, R.9601.

¿Se podrá registrar como marca Chips para productos de informática? Véase la STS del 25/1/91, R.1357.

¿Se podrá registrar como marca Woolmark? Véase la STS del 27/3/74.

¿Se podrá registrar como marca Microbeads? Véase la STS del 15/6/76.

¿Se podrá registrar como marca Prêt à yogur? Véase la STS del 10/12/82.

¿Se podrá registrar como marca Mild? Véanse las STS del 27/7/88, R.6393 y del 13/4/89, RJ 3347.

¿Se podrá registrar como marca Star New Filier, Star, Stars? Véase la STS del 21/7/88, RJ 6303.

¿Se podrá registrar como marca Ethilène Plastique? Véase la STS del 30/6/75.

¿Se podrá registrar como marca Babyfood? Véase la STS del 11/3/76.

¿Se podrá registrar como marca Efficient? Véase la STS del 26/12/88, R.10065.

¿Se podrá registrar como marca Aqua Park? Véase la STS del 30/7/91 y del 15/10/92.

¿Se podrá registrar como marca Banco Príncipe de Asturias para folletos y publicaciones? Véase la STS del 16/7/88, R.6281.

¿Se podrá registrar como marca Yogur cuando el producto designado no cumplía la definición de este alimento? Véase la STS del 12/5/88, RJ 2598.

Sobre genericidad y palabras extranjeras véase por todas la STS del 20 de febrero de 2003, RJ 2003/1748.

80. El empresario Javier Gómez venía explotando la marca General Óptica para gafas y lentillas sin problemas, pero un buen día, ante el temor de problemas por su éxito, decide registrarla para conseguir la protección de la LM. ¿Admitirá la OEPM esa marca? Véase la STS del 15/7/94, R.6440.

81. Javier ahora ha decidido dedicarse al género porcino, y para sus productos desea utilizar la marca Espetec, que según ha sabido, aún no ha sido registrada. ¿Podrá registrarla él? Véase la STS del 12/11/93, RJ 1993/8762.

82. Opina sobre la posibilidad de registrar como marca el aroma de frambuesa, para productos de la clase 4: combustibles, inclusive carburantes para motores, en particular gasóleo de calefacción y automoción. Véase la STJCE del 5 de diciembre de 2001 en el asunto R 711/1999-3, Patentanwälte Schütz & Partner.

83. Supuestos de conflicto con denominaciones geográficas.

¿Se podrá registrar como marca Gredos? Véase la STS del 2/7/76.

¿Se podrá registrar como marca Philadelphia, para carnes? Véase la STS del 6/11/76.

¿Se podrá registrar como marca La Sevillana? Véase la STS del 22/5/75.

¿Se podrá registrar como marca El Manchego? Véase la STS del 27/12/88, R.9708.

¿Se podrá registrar como marca Caixa Galicia? Véase la STS del 5/7/91.

¿Se podrá registrar como marca El Periódico de Cataluña? Véase la STS del 28/5/92.

7.1. Prohibiciones relativas y principio de especialidad

84. En la OEPM se encuentra inscrita la marca Laverno para la protección y comercialización de vinos y bebidas. El empresario Javier Gómez intenta proteger con el nombre Lavernoya una línea de vinos de mesa.

85. Organización de relaciones públicas agentes asociados SL, titular de la marca denominativa «La feria del tiempo libre», solicita que se declare nula la marca «Expo ocio la feria del tiempo libre», que ha sido concedida a la Institución Ferial de Canarias, también registrada en el mismo número del nomenclátor, que la suya, el 41. Ante la demanda, la institución ferial de Canarias reconviene, solicitando la anulación de la marca «La feria del tiempo libre». Véase la Sentencia de la Audiencia Provincial de Las Palmas de 29/7/2005, Recurso n.º 573/2003, AC 2005/1845.

86. El empresario Javier Gómez pretende registrar su nombre civil como marca. Cuando lo solicita en la OEPM le informan de que Javier Gómez ya es marca registrada, y deniegan su solicitud. ¿Tiene derecho Javier a utilizar su propio nombre como marca? ¿Tiene derecho un tal Señor Codorníu a utilizar su nombre como marca? Véase la STS del 13/12/63, R.6238.

87. Doña Flor es titular de un negocio al por menor de papelería, situado en la calle Justino, n.º 7, de Madrid, desde 1983. Es titular de la marca mixta Depapel (denominación acompañada de un logotipo) para productos de la clase 16 del nomenclátor, productos de papelería. Además, tiene registrado como rótulo de establecimiento el nombre Depapel Cris & Chan. Un buen día, por casualidad, descubre que en Las Palmas de Gran Canaria existe un establecimiento que viene

usando la misma marca, Depapel, sin logotipo, desde 1984. El establecimiento canario está regido por doña Ángeles, que se niega a cesar en el uso del signo en cuestión, aunque Flor se lo ha solicitado. En este contexto, doña Flor decide interponer una demanda contra doña Ángeles para que cese en el uso de su marca. Explica los argumentos que puede utilizar a su favor cada una de las partes, tu punto de vista y el fallo de la AP de Las Palmas del 14 de julio de 2005, AC 2005/1534.

88. D. Alfredo demanda a D. Aurelio, solicitando que se declare la nulidad de la marca registrada a nombre de Aurelio Maestrito por confundirse con el nombre comercial coincidente y que él tiene registrado a su favor. Véase la SAP de Cáceres de 27 de julio de 2005, JUR 2005/188382.

7.2. Conflictos con marcas notorias y marcas de alto renombre

89. La sociedad The Timberland Company, propietaria de la marca Timberland, impugna la decisión de la OEPM de conceder la marca Tinlamer.bis a la sociedad Julianea SL. Alega posibilidad de confusión, por notoriedad, con su marca, registrada para productos similares. Véase la STS del 26 de octubre de 2006, Recurso n.º 5558/2002, RJ 2006/9174.

90. El titular de la marca Manufacturas Puma, con gráfico de felino, instó la declaración de nulidad de las marcas de Laboratorios Cosméticos Feltor SA por considerar que incurrían en diversas prohibiciones relativas, y en particular por juzgarlas confundibles con su signo previamente inscrito. El Juzgado de 1.ª Instancia estimó la confusión alegada, aunque se tratara de marcas registradas para distintas clases del nomenclátor, al tiempo que desatendió la excepción de preinscripción alegada por la demandada. Y ello porque apreció mala fe en las solicitudes de registro de Feltor, lo cual convierte la acción en imprescriptible. Feltor apela. Dígase cuál fue el fallo de la AP, cuál el del TS y sus razonamientos jurídicos. Véase la STS sala primera, 2/6/98, RJ 1998/3755. Véase además la SAP Barcelona n.º 402/2005, AC 2006/269.

91. La marca Kelme, que es de renombre en España para distinguir ropa y calzado deportivo, no se encuentra inscrita en el Registro de la Propiedad Industrial. Conociendo esto, el empresario Javier Gómez, que ha iniciado un negocio de confección de ropa y calzado deportivo, se dirige al Registro de la Propiedad Industrial para solicitar la inscripción de la marca Kelme para sus productos.

92. Kaman Music Corporation figura como titular de la marca Ovation de productos consistentes en guitarras, cuerdas de guitarras, componentes de guitarras, banyos y cuerdas de banyos, nomenclátor general 15-9, en las oficinas de propiedad industrial de Alemania, Canadá, Estados Unidos, Reino Unido, Japón, Noruega, Méjico y Suecia, desde 1980. En septiembre de 1989, el distribuidor de esa marca en España la registra a su nombre en la oficina española (no tuvo problemas puesto que aquí no estaba registrada). Kaman recurre la concesión de la marca a favor de su distribuidor. ¿Tiene posibilidades de éxito en su demanda?

93. Otros supuestos de conflicto con marcas notorias o con marcas de alto renombre.

Se pretende registrar Koka-kola como marca de jabón de tocador. Véase la STS del 9/2/59.

Se pretende registrar El Real de Madrid para un ponche. Véase la STS del 30/3/76.

Se pretende registrar J 3 B para vinos. Véase la STS del 12/12/86.

Se pretende registrar Kodak para bicicletas, Johnny Walker para tirantes, Lucky Strike para licores, White Horse para perfumes de hombre.

Se pretende registrar Yamaha para bolígrafos. Véase la STS del 21/10/85, R.4958.

Se pretende registrar Winston para cestas de mimbre. Véase STS del 24/7/89, R. 5848.

Se pretende registrar Puma para juguetes para niños. Véase la STS del 10/3/89, R. 4519.

Se intenta registrar La Pajarita para productos de labranza. Véase la STS del 17/7/89, R. 5298.

7.3. Conflictos con rótulos de establecimiento

94. Javier Gómez, titular de la marca La Prosperidad, que ampara servicios de cafetería, bar y mesón en Botorrita, interpone una demanda contra un vecino que ha registrado como rótulo de establecimiento el nombre Prosperidad en el mismo municipio.

95. El titular de la marca *Levis 501* ve abrir enfrente de su establecimiento una tienda llamada *501 by the sixtees* que se dedica también a la compra de ropa vaquera. ¿Qué puede hacer?

96. En un puesto de venta ambulante de un mercadillo se venden pantalones marca Lewis 501 y otros. Se supone que son falsos. Véase la SAP de Cantabria del 7/2/02, ARP 2002/351 y también la STSJ de Baleares del 30/12/04, JUR 2004/44537.

97. La entidad Bolsos El Caballo SL demanda a Equitación y Caza SAU por violación de derecho de propiedad industrial, alegando ser titular para Gijón del rótulo de establecimiento n.º 34 207, *El Caballo,* desde el año 1950. La demandada es titular de una franquicia con el nombre comercial *El Caballo* con 35 establecimientos en toda España, uno de los cuales se abrió en el año 1999 en Gijón. Ambos establecimientos se dedican a la misma actividad, de venta de bolsos y complementos, mantiene la actora. Y ello provoca confusión en la clientela. La demandada se defiende alegando que tiene registrada a su favor la marca *El Caballo,* en el n.º 35 del nomenclátor, que le confiere un derecho en exclusiva a comercializar sus productos en todo el territorio español. Niega la confusión alegada, pues en su establecimiento se venden unos productos muy concretos, marcados todos con el distintivo *El Caballo,* abarcando desde artículos para la práctica de la equitación o la caza hasta la moda de mujer o joyas, mientras que en el establecimiento de la actora se venden productos de muchas marcas, dentro del área bolsos, carteras o maletas. Y además los rótulos de establecimiento son totalmente distintos. Véase la SAP Asturias del 7 de abril de 2005, AC 2005/723.

a. Fija claramente las posiciones enfrentadas de las partes: quién es el demandante, quién es el demandado y la causa de pedir.

Demandante: Bolsos El Caballo SL, titular de un rótulo de establecimiento (protección municipal) para Gijón desde 1950.

Demandado: Equitación y Caza SAU, titular de varias marcas registradas, entre otras *El Caballo* para la clase 35, venta al detalle en comercio.

Acción por violación de su rótulo de establecimiento, cesación y retirada del tráfico e indemnización por daños y perjuicios.

b. Delimita el problema: los hechos. Explica el camino procesal: ¿qué sucede en las diversas instancias?

Camino procesal:

— 1.ª Instancia (juzgado): Gana Equitación y Caza SAU.

— 2.ª Instancia (apelación): Gana Equitación y Caza SAU.

c. Recoge la norma o normas y los argumentos que se discuten principalmente en el caso, y en las que se apoyan las partes.

Art. 12 LM derogado. Igual que todos los artículos dedicados al rótulo de establecimiento en la LM antigua.

Arts. 34, 40, 41 y 43 LM. Los alega el titular del rótulo porque en esa fecha también era un signo distintivo susceptible de protección con la LM. Ahora ya no, solo queda para el rótulo la vía de la competencia desleal.

d. Explica el fallo de la sentencia. ¿Cuál fue la decisión del tribunal y cuál su fundamento jurídico? ¿Cuáles son los motivos fundamentales que justifican aquella?

Fallo a favor de Equitación y Caza SAU.

Las razones son:

— La marca *El Caballo* fue registrada a nombre de la demandada sin que la actora se opusiera a esa inscripción.

— No existe riesgo de confusión; los signos son en su diseño tan dispares que no inducen a confusión alguna. La prueba de la mencionada confusión por las declaraciones de tres testigos resulta insuficiente.

— En el establecimiento de la demandada se comercializan exclusivamente productos de *El Caballo*, mientras que en el local de la actora se comercializan productos multimarca.

— La ley establece como presupuestos necesarios para que el titular de la marca pueda accionar frente a terceros que la semejanza entre los signos y la similitud entre los productos y servicios pueda inducir a error.

98. Constantino y Víctor Manuel constituyen una sociedad, Sánchez Somohano SL, y abren un hostal, que rotulan como Royal III en la misma calle y a escasos metros de otro, llamado Royal 2, propiedad de un tal Alejandro (que es familia de Constantino y Víctor Manuel). Alejandro tiene debidamente registrado a su nombre el rótulo de establecimiento, Royal 2, en el municipio de Santander, pero se da la circunstancia de que la sociedad Sánchez Somohano ha solicitado el registro a su favor de la marca Royal III. Constantino y Víctor Manuel se dedican a hacer publicidad, ofreciendo diversas ventajas, para hacerse con la clientela del anterior negocio familiar, acaparando en beneficio exclusivo de la sociedad Sánchez Somohano que acaban de crear los beneficios obtenidos en el mercado por otra veterana empresa competidora, anterior y completamente distinta. Véase la SAP de Cantabria del 21 de septiembre de 2005, AC 2005/1596.

a. Fija claramente las posiciones enfrentadas de las partes: quién es el demandante, quién es el demandado y la causa de pedir.

Demandante: Alejandro y Royal 2 SC.

Demandados: Constantino, Víctor Manuel y la Sociedad Sánchez Somohano, SL.

Acción por competencia desleal, vulneración del rótulo comercial y derecho de marca.

b. Delimita el problema: los hechos. Explica el camino procesal: ¿qué sucede en las diversas instancias?

Camino procesal:

— 1.ª Instancia (juzgado): Gana Alejandro. Fallo: «declaro la responsabilidad de D. Constantino y Sánchez Somohano, SL por haber realizado actos de competencia desleal, condenándoles a que cesen en la actuación que constituye competencia desleal y vulneración del rótulo del establecimiento, mediante la retirada del rótulo de establecimiento Royal III, así como a la publicación de la sentencia a su costa mediante anuncios y notificaciones a las personas interesadas y los periódicos más importantes de Cantabria y nacional».

— 2.ª Instancia (apelación): Confirma la 1.ª Instancia, gana Alejandro.

c. Recoge la norma o normas y los argumentos que se discuten principalmente en el caso, y en las que se apoyan las partes.

Art. 5 LCD (ahora es el 4.1).

Art. 18.5 LCD (ahora es el 32.4).

Art. 6 LCD, actos de confusión.

Art. 12 LCD, explotación de la reputación ajena.

d. Explica el fallo de la sentencia. ¿Cuál fue la decisión del tribunal y cuál su fundamento jurídico? ¿Cuáles son los motivos fundamentales que justifican aquella?

Fallo a favor de Alejandro.

Las razones son:

— Se ha producido un acto de competencia desleal al tratar de captar los clientes del anterior negocio familiar, situado a escasos metros, induciendo a confusión a través de la publicidad y acaparando en interés exclusivo de la sociedad de nueva creación los beneficios de una reputación adquirida en el mercado por otra veterana empresa competidora, anterior y completamente distinta.

— El art. 12 LCD considera desleal aprovechamiento de la reputación de terceros el empleo de signos distintivos ajenos y Alejandro tiene registrado a su favor el rótulo comercial de Royal 2, lo que conlleva el derecho de uso exclusivo de este signo distintivo del establecimiento, cuya identidad gráfica con el que aparece ilícitamente situado en el establecimiento de Sánchez Somohano SL es innegable.

— Existe utilización de un signo distintivo ajeno, con independencia de los derechos de registro de la marca y gráfico.

— La utilización de Royal III busca la confusión de las empresas e intenta monopolizar el prestigio de Alejandro en el mercado empleando torticeros métodos de captación de la clientela (ofertas de dinero) e induciendo al consumidor a confusión, ya que se sugiere por medios publicitarios un mismo origen empresarial a productos y prestaciones que proceden de dos negocios diferentes.

— Alejandro no ha visto definitivamente denegada su solicitud de marca Royal 2, aunque el demandado haya inscrito a su favor la marca y el gráfico Royal III. En suma, la cuestión relativa a los derechos de la marca y el gráfico no es, a la vista de su indeterminación y pendencia, decisiva para resolver la cuestión aquí suscitada que ha de examinarse únicamente a la luz de las disposiciones contenidas en la LCD.

7.4. Conflictos entre denominaciones sociales y signos distintivos

99. La Sociedad Española de Farmacia SA titular de la marca registrada OM demanda a la Sociedad Laboratorios OM pretendiendo que cambie su denominación social. ¿Lo conseguirá?

100. Kemen Industrial SA, titular de las marcas registradas Kemen y Kemen Industrial, demanda a Talleres Kemen SL pretendiendo que cese en el uso de esa denominación y que modifique sus estatutos sociales. ¿Lo conseguirá? Véase la STS del 7/7/80, RJ 1980/2930.

101. Lever Ibérica SA, titular de la marca Domestos, demanda a la sociedad Domestos SA solicitando la modificación de su denominación social, por la identidad denominativa y de áreas comerciales. ¿Lo conseguirá? Véase la STS del 16/7/85, R.4092 y también la STS del 18/5/06, RJ 2006/2365.

102. El señor RF, titular de la marca King's College, regenta un establecimiento de enseñanza de lengua inglesa. En su misma ciudad se crea una sociedad con la razón social King's Academy Idiomas SL que se dedica también a enseñar inglés. ¿Puede defenderse de alguna manera el señor RF de este aprovechamiento de su reputación? Véase la SAP Granada del 4/11/13, JUR 2014/32664 y SAP Navarra del 19/3/2018, AC 2018/1616.

7.5. El agotamiento del derecho

103. La marca Scotsman de máquinas de hielo concedió en 1993 la licencia de explotación de esta marca en exclusiva al empresario valenciano Javier Gómez, que desde entonces viene explotando sus derechos. Un vivillo empresario de Albacete, en un viaje que hizo al estado de Nevada durante el mes de julio de 1994, compró allí un millar de máquinas de hielo Scotsman y comenzó a venderlas en su ciudad. Javier Gómez le demanda ante los tribunales por violación de su derecho de exclusiva. Véase la STS del 15/5/85, RJ 1985/2393.

104. La licenciataria de la marca Bacardí en España demanda a un importador paralelo, que compra el ron en Méjico, de la misma marca e idéntica calidad. Ese importador paralelo compra el ron directamente a la casa productora y lo comercializa en España. La empresa española licenciataria de la marca lo acusa de violar su derecho de marca. Véanse las siguientes sentencias: SAP Barcelona del 29/9/95, SAP Palma de Mallorca del 27/6/94, STS del 11/11/97, Ballantine y, sobre todo, las STS del 28/9/01, RJ 2001/8718 y del 20/12/06, RJ 2006/288.

7.6. Caducidad

105. Asae pretende que conforme a lo dispuesto en los arts. 4 y 53 LM se declare la caducidad de la marca Reunil, inscrita a favor de ISA, por falta de uso durante un período superior a 5 años. La demandada reconoce la realidad de la falta de uso de la marca, pero alega que se ha debido a una causa justificada, que es un recurso de apelación que se ha interpuesto en la AP de Madrid, que no ha sido resuelto todavía, sobre la similitud de Reunil con otra marca registrada (Reusin). ¿A quién le dará la razón el juez? Véase la SAP Barcelona del 5/10/95, AC 1995/2120.

8. Pruebas globales sobre competencia y propiedad industrial

106. Lidl imita los geles de baño de más ventas en el mercado, y los está vendiendo con gran éxito. Imita el color y la forma de los botes de gel de Moussel y Magno de La Toja, y luego estampa su marca Cien. El olor del gel es sumamente parecido al original. ¿Es lícito? Si así lo consideras, argumenta tu posición. A ver si encuentras leyes que apoyen tu idea. Si piensas que es ilegal haz lo mismo: busca legislación que apoye tu idea. ¿Qué harías si fueses la empresa que vende Moussel o Magno? ¿Qué harías si fueses Lidl y recibieses una demanda por imitación

desleal? Véase la sentencia del Juzgado de lo Mercantil de Valencia del 16/3/2015, JUR/2015/185906.

a. Fija claramente las posiciones enfrentadas de las partes: quién es el demandante, quién es el demandado y la causa de pedir.

Demandante: Unilever NV y Unilever España SA (titulares de la marca Moussel).

Demandado: Quimi Romar SL y Agrado Cosmetic Care 3000 SL (fabricantes para las marcas blancas, como podría ser Cien del Lidl).

Acción por competencia desleal: cesación y retirada del tráfico e indemnización por daños y perjuicios.

b. Delimita el problema: los hechos. Explica el camino procesal: ¿qué sucede en las diversas instancias?

Camino procesal:

1.ª Instancia (juzgado): Gana Unilever, la titular de Moussel. Se condena a las demandadas:

— A cesar inmediatamente en la fabricación, distribución y comercialización.
— A abstenerse en el futuro de volver a hacerlo.
— A retirar del mercado todos los envases.
— A ceder con fines humanitarios los envases en stock.
— A indemnizar con 123 986,13 €. + intereses por los daños y perjuicios.

c. Recoge la norma o normas y los argumentos que se discuten principalmente en el caso, y en las que se apoyan las partes.

Arts. 1, 2, 4, 6, 11, 12 y 35 LCD.

Arts. 3.1, 7.1 (buena fe), 1100, 1101 y 1108 CC (sobre intereses).

El demandante no usa la ley de marcas. En realidad, la marca no se imita. El demandado tiene su propia marca. No se vulnera el derecho de marca.

d. Explica el fallo de la sentencia. ¿Cuál fue la decisión del tribunal y cuál su fundamento jurídico? ¿Cuáles son los motivos fundamentales que justifican aquella?

Fallo a favor de Moussel.

Las razones son:

— La acción no ha prescrito, art. 35 LCD.
— El acto se realiza en el mercado y con fines concurrenciales, arts. 2 y 3 LCD.
— El proceder de las demandadas resulta incardinable en los arts. 6, 11 y sobre todo 12 LCD, explotación de la reputación ajena.
— De la confrontación de los diversos productos se puede concluir que hacen fácilmente incurrir al consumidor medio en confusión. En este sentido la prueba de reconocimiento judicial es muy reveladora.

— Coincidencia de los canales de distribución, indicio claro de la similitud de los productos comparados.
— Se ha acreditado el daño, procede indemnización.

107. Entre el 10 y el 13 de diciembre de 2012 y el 3 y el 27 de enero de 2013, la empresa Groupon Spain SL comercializó en su web unos bolsos cuyo diseño recordaba al modelo de bolso 1623 Le Pliage de la marca Longchamp. En la web de Groupon aparecían imágenes de los bolsos en cuestión. Los mensajes publicitarios utilizaban la frase bolsos «estilo Longchamp». La empresa dueña de la marca Longchamp (Longchamp SAS), francesa, demanda a la empresa española. Alegan que el bolso modelo 1623 Le Pliage es una creación artística, por lo que debe aplicarse la LPI, siendo los bolsos comercializados por Groupon una copia de su modelo. Acreditan el valor artístico u originalidad del bolso presentando:

a) Un informe de un experto e investigador de moda.

b) Un estudio de mercado a mujeres de entre treinta y cinco y cuarenta y cuatro años.

c) Datos económicos de ventas globales y de España.

Entienden que se ha cometido una infracción de la marca Longchamp según los apartados 2b), d) y e) del art. 34 LM, ya que la publicidad de la web de Groupon hace referencia al origen y al posicionamiento de la marca Longchamp. Para acreditar todo esto cuenta con un certificado de AEFM (Asociación Española de Fabricantes de Marroquinería), varias publicaciones y cifras globales de ventas en inversiones publicitarias. El mensaje publicitario «estilo Longchamp». corrobora que se trata de imitación, explotación de la reputación ajena, publicidad ilícita y prácticas engañosas de confusión y asociación, según los arts. 11.2, 12, 18 y 20 de la LCD. ¿Tendrá éxito la demanda? Véase la SAP de Madrid del 15 de septiembre de 2017, AC/2018/22.

108. En la década de los noventa, el diseñador Christian Louboutin comenzó a usar el color rojo en las suelas de sus creaciones. Desde entonces, dicho signo ha pasado a convertirse en un icono de la moda del calzado. En el año 2000 se solicitó por primera vez en Estados Unidos el registro de la suela de zapato de color rojo *(shoe sole color of red)* como marca figurativa. Tras diversas vicisitudes, la marca quedó registrada finalmente en Estados Unidos en 2006 para designar productos contemplados en la clase 18 (calzado, sombreros y guantes, entre otros). Las suelas rojas también han alcanzado protección en la UE, a través de un título único otorgado por la EUIPO. En 2010 se registró la marca figurativa consistente en el color rojo aplicado sobre una suela de zapato. La misma protección fue solicitada en el Benelux y en otros países europeos. En 2011 su competidor Yves Saint

Laurent comenzó a comercializar calzado femenino siguiendo una línea monocromática, esto es, zapatos que revestían el mismo color en la totalidad de su configuración. Esta actuación devino controvertida a partir de la versión roja de los zapatos, ya que dicho color alcanzaba también a la suela. En Francia la marca controvertida se había registrado en el año 2000. En el año 2008 Louboutin demandó a Zara France SARL por infracción de marca y competencia desleal por comercializar calzado femenino con las suelas del color protegido, a lo que esta contestó solicitando la nulidad de la marca. Véase la sentencia del asunto Christian Louboutin SA v. Yves Saint Laurent American Holding Inc. de 5 de septiembre de 2012, y el artículo de Luz SÁNCHEZ GARCÍA, «El largo camino recorrido por las suelas rojas de Louboutin», *Cuadernos de Derecho y Comercio,* n.º 70, 2018, pp. 15-36. Y responde a las siguientes preguntas: ¿sería posible proteger en España como marca la suela roja de un zapato de tacón? Argumenta tu respuesta utilizando la LM, y con ejemplos de otras marcas similares que ya tengan protección. ¿Cuál fue el fallo del tribunal americano? ¿Cuál fue el fallo del tribunal francés?

9. Sociedades

9.1. Levantamiento del velo[1]

109. José Bernardo interpone una reclamación de cantidad contra Eladio y Josefa. Les reclama 9 millones de pesetas por la entrega y endoso de 25 letras de cambio en las que figuraba como librador el demandado y como librados varios clientes suyos. Los demandados mantienen que las letras deben ser compensadas con otras dos letras de cambio, de un importe de 250 000 pta cada una, y con los 3 millones de pesetas que el actor debía al demandado por unos trabajos de construcción en un chalet. El Juzgado de 1.ª Instancia estima la compensación, condenando al demandado a pagar solo 5 500 000 pta. José Bernardo apela la sentencia por estimar que las letras no pueden ser tenidas en cuenta al no haber sido libradas por el actor como empresario individual, sino como administrador único de Maderas Pereira SA, entidad con personalidad jurídica distinta, aunque continuadora de José Bernardo en las actividades comerciales. ¿Le dará la razón la Audiencia a José Bernardo? Véase la STS del 8/2/96, RJ 1996/862.

---

[1] Véase recientemente la SAP de Madrid de 8 de abril de 2024: Hilario demanda a Ismael (persona física), Prefabricados Valdecarro SL, Promociones y contratos Tergaza SL. Reclama 615.000€ de un préstamo. En 1ª Instancia gana Hilario parcialmente, se exonera a Ismael porque firmó los contratos como representante (administrador) de las sociedades. Pero la Audiencia levanta el velo de la personalidad jurídica para obligar a responder personalmente a Ismael, alega confusión patrimonial.

a. Quién es el demandante, el demandado y la causa de pedir.

Demandante: José Bernardo.

Demandado: Eladio y Josefa.

Acción de reclamación de cantidad, 9.213.708 pta que los demandados le adeudan por la venta de madera.

Los demandados alegan la excepción de compensación, con dos letras de cambio firmadas por José Bernardo como administrador de la sociedad Maderas Pereira SA, más unos trabajos en un chalet.

b. Resumen de los hechos y camino procesal.

— 1.ª Instancia: Condena al pago de 3 517 740 pta estimando la compensación.

— 2.ª Instancia: Se estima el recurso de José Bernardo y se condena al demandado a pagar la cantidad íntegra.

— TS: Confirma la sentencia de 1.ª Instancia, si se compensan las letras, aunque habían sido giradas por José Bernardo como administrador de Maderas Pereira SA.

c. Principales normas que se citan en el caso.

Doctrina del levantamiento del velo de la personalidad jurídica.

d. Fallo y fundamentos jurídicos que lo justifican.

Procede la compensación de las letras por aplicación de la doctrina del levantamiento del velo de la personalidad jurídica: «Es claro que las letras de cambio indicadas, aun cuando aparecen libradas por Maderas Pereira SA y no por el actor, hay que imputarlas al mismo acervo económico patrimonial referente a la demandante, siendo para ello suficiente, no solo subrayar las razones de identidad del mismo núcleo empresarial que se ha dejado constancia, sino, incluso, pudiendo, en lo atinente, hasta reproducir la reiterada doctrina jurisprudencial acerca de la penetración en la realidad económica de la personalidad jurídica en pos de aflorar "ad extra" la verdad material subyacente cuando la misma se encubre con el formalismo de ficción de la apariencia societaria o la conocida teoría de la ruptura del velo».

110. Adolfo reclama a Florentino más de 10 millones de pesetas por los daños sufridos en un taller de su propiedad como consecuencia de la explotación de una mina con el empleo de explosivos en una capa que discurre bajo el referido taller. El demandado, Florentino, alega falta de legitimación pasiva por no ser él, sino la entidad Mina Carmen SA, el explotador de la mina. La mencionada sociedad está formada por Florentino, titular de un 98 % de las acciones, y Antonio, que ostenta el 2 % restante, que obtuvo de Florentino como un regalo. ¿Estimará el tribunal la excepción de falta de legitimación pasiva, ya que el causante del daño (Mina

Carmen SA) y el demandado (Florentino) son distintos sujetos con personalidades distintas? Véase la STS del 20/7/95, RJ 1995/5715.

a. Quién es el demandante, el demandado y la causa de pedir.

Demandante: Adolfo.

Demandado: Florentino.

Acción de reclamación de cantidad, 10 941 000 pts: indemnización por daños sufridos en su taller.

El demandado alega la excepción de falta de legitimación pasiva, por no ser él, sino la sociedad Mina Carmen SA, la propietaria de la mina que ha provocado los daños.

b. Resumen de los hechos y camino procesal.

— 1.ª Instancia: Pierde Adolfo; se estima la excepción de falta de legitimación pasiva.

— 2.ª Instancia: Gana Adolfo; se desestima la excepción y se condena a Florentino al pago de 2 170 000 pta.

— TS: Confirma la sentencia de 2.ª Instancia. Gana Adolfo.

c. Principales normas que se citan en el caso.

— Argumentos de Adolfo (demandante): Fundamento de derecho 2º:

  o   Art. 1902 CC, responsabilidad extracontractual.

  o   Arts. 1 y 7.1 LSA, personalidad jurídica.

  o   Art. 116.2 Ccom, personalidad jurídica.

  o   Art. 7.2 CC, abuso de derecho, principio general de buena fe.

  o   Doctrina del levantamiento del velo de la personalidad jurídica.

— Argumentos de Florentino (demandado): Fundamento de derecho 1º:

  o   Falta de legitimación pasiva.

  o   Debería de haberse demandado a la sociedad Mina Carmen SA.

d. Fallo y fundamentos jurídicos que lo justifican.

Se aplica la doctrina del levantamiento del velo, dirigida a impedir o contrarrestar el abuso de derecho: «que dicha operación jurídica del "levantamiento del velo" va dirigida a impedir o contrarrestar los supuestos de abuso del derecho, cual aquí acontecería si no hubiese sido acogido».

— Aun siendo tres los miembros de la sociedad es fácil presumir que el único dueño de esta es Florentino.

— Aplicación correcta de la doctrina del levantamiento del velo de la personalidad jurídica.

111. Celedonia y Lucía, propietarias de un local situado en el n.º 213 de la calle de Alcalá, mantienen un contrato de arrendamiento sobre el mismo, desde el 23 de octubre de 1980, con Gamma Electrodomésticos SA (sociedad arrendataria del

local). En diciembre de 1983, el 50 % de la sociedad Gamma es adquirido por Ivarte SA, que se instala en el local, cambiando el rótulo del establecimiento (rótulo que pasa a ser Ivarte SA). Además, Gamma Electrodomésticos SA cambia su nombre por Ivarte Castilla SA. Como quiera que la LAU de 1964 contiene entre las causas de resolución del contrato de arrendamiento el traspaso o la cesión a otra persona inconsentidos, Celedonia y Lucía demandan a las sociedades Gamma Electrodomésticos SA e Ivarte SA solicitando la resolución del contrato, y la vuelta del local a su poder, por traspaso inconsentido del local a Ivarte SA. Ivarte en su defensa mantiene que no se ha producido traspaso ni cesión alguna, porque el inquilino sigue siendo la misma persona: Gamma Electrodomésticos SA. Esta sociedad no ha sido disuelta. No ha desaparecido en absoluto. Lo único que ha sucedido es que ahora tiene otro dueño. ¿Conseguirán Celedonia y Lucía recuperar la propiedad del local? Véase la STS del 25/1/88, RJ 1988/141.

a. Quién es el demandante, el demandado y la causa de pedir.

Demandante: Celedonia y Lucía.

Demandado: Gamma Electrodomésticos SA, hoy Ivarte Castilla SA.

Resolución de arrendamiento de local de negocio.

b. Resumen de los hechos y camino procesal.

— 1.ª Instancia: Absuelve la demandada.

— 2.ª Instancia: Estima el recurso y resuelve el contrato de arrendamiento.

— TS: Confirma la sentencia de la AP.

c. Principales normas que se citan en el caso.

d. Fallo y fundamentos jurídicos que lo justifican.

Fallo a favor de Celedonia y Lucía. El contrato se declara resuelto.

Motivos:

— Ivarte Castilla SA compró el 50 % de las acciones de Gamma Electrodomésticos SA, con la intención de beneficiarse del contrato de arrendamiento pretendía seguir disfrutándolo: Gamma Electrodomésticos se mantiene solo para poder fingir que no ha cambiado el inquilino.

— «Las conclusiones obtenidas por la Audiencia son lógicas, racionales y ajustadas a las reglas de la san crítica; por tratarse el subarriendo o la cesión, en el sentido dicho, de actos ilegales que tratan de encubrirse, la jurisprudencia viene admitiendo como prueba suficiente la de deducciones, sin que sea preciso conocer con absoluta claridad el negocio mediante el que se haya accedido por el tercero al uso o disfrute ilícito; la doctrina establecida al inicio de este fundamento sobre lo innecesario de la ocupación material (que aquí se produce con el rótulo y la presunción del art. 3 Ccom) ya se encuentra en Sentencias [...]. La posibilidad de que los jueces puedan penetrar en el *substratum* de las personas jurídicas, en su interior, levantar el velo, para evitar el abuso de su independencia o que al socaire de esa ficción o forma legal se perjudiquen intereses ajenos, se consume el fraude, se falte a la buena fe o se ejercite un derecho de forma antisocial.»

112. Galerías Preciados disfruta del alquiler de un local de negocio de J. M. El contrato de arrendamiento contiene una cláusula que dispone que la introducción de un tercero en la posición de arrendatario o el subarriendo o la cesión inconsentida son causas de resolución del contrato. Cuando Galerías se incorpora al *holding* Rumasa, el propietario del local, J. M., pretende recuperarlo resolviendo el contrato de arrendamiento por traspaso inconsentido. ¿Lo conseguirá? Véase la STS 22/10/88, R. 7631. Véanse también las STS del 4/5/99, RJ 1999/2880 y del 5/5/99, RJ 1999/ 2884, sobre traspaso ilegal de local de negocio.

113. El 13/9/91 la sociedad Industria, Comercio y Servicios SA (Incosesa) pide un préstamo al Banco Santander; el banco lo concede, pero exige que avalen personalmente el crédito Isidoro y Rosario, socios de la mencionada sociedad y matrimonio. El día 12/11/91 Isidoro dona a Incosesa una finca situada en Camas (Sevilla) con el preceptivo consentimiento de su esposa. El día 18/12/91 Incosesa es declarada en suspensión de pagos. Y el 17/2/92 el Banco Santander demanda a Isidoro y a Rosario, por falta de pago de las cuotas del préstamo que el banco había dado a Incosesa (Rosario e Isidoro eran avalistas), y se traba embargo sobre la finca de Camas mencionada. El 21 de enero de 1993 Incosesa formula tercería de dominio, solicitando que se levante el embargo sobre la finca de Camas, pues es ella la propietaria, y no Isidoro y Rosario. ¿Cuál será el fallo del tribunal? Véase la STS del 11/10/1999, RJ 1999/7613.

a. Quién es el demandante, el demandado y la causa de pedir.

Demandante: Incosesa.

Demandado: Banco Santander, Isidoro y Rosario.

Tercería de dominio, se pretende que salga del embargo una finca en Camas (Sevilla).

1.-Fija claramente las posiciones enfrentadas de las partes: quién es el demandante, quién es el demandado, y la causa de pedir.

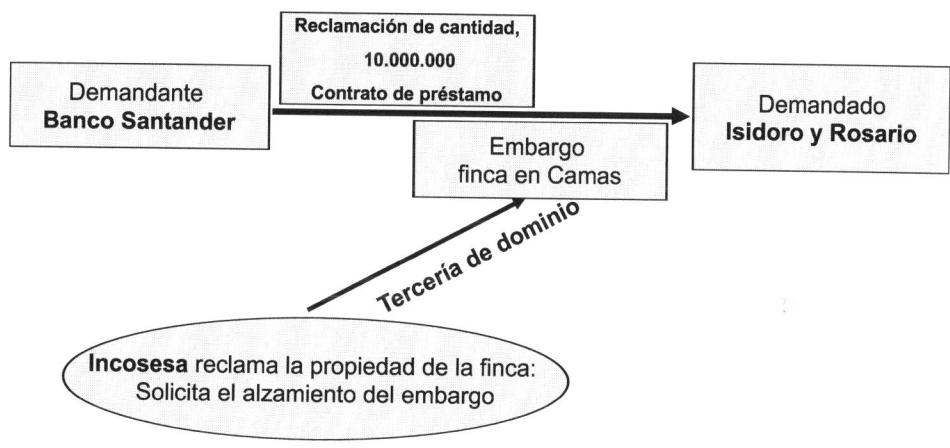

b. Resumen de los hechos y camino procesal.
— 13 de septiembre de 1991: Incosesa concierta con el Banco Santander un crédito de 10 millones de pesetas, que afianzan solidariamente los cónyuges Isidoro y Rosario.
— 12 de noviembre de 1991: los cónyuges hacen donación de una finca en Camas (Sevilla) a Incosesa.
— 18 de noviembre de 1991: suspensión de pagos de Incosesa.
— 17 de febrero de 1992: el Banco demanda a los esposos con base en el préstamo.
— 22 de junio de 1992: se inscribe el embargo de la finca de Camas.
— 21 de enero de 1993: Incosesa formula tercería de dominio sobre la finca embargada.
Camino procesal::
— 1.ª Instancia: Pierde Incosesa.
— 2.ª Instancia: Pierde Incosesa.
— TS: Confirma la sentencia de 2.ª Instancia: Gana el banco, la finca no sale del embargo.

c. Principales normas que se citan en el caso.
— Argumentos de Incosesa. Antecedente de hecho 3:
  o Art. 33.3 CE, derecho de propiedad.
  o Arts. 349 y 609 CC, teoría del título y el modo, se justifica la adquisición de la finca.
  o Art. 34 de la Ley Hipotecaria.
  o Arts. 6.4 y 7 CC.
  o Art. 35 CC.
— Argumentos del Banco. Fundamento de derecho 2:
  o Incosesa no tiene la condición de 3, confusión de personalidades. Doctrina del levantamiento del velo.
  o Art. 7.1 CC, buena fe.
  o Art. 3.2 CC, equidad.
  o Art. 7.2 CC, abuso de derecho.
  o Art. 6.4 CC, fraude de ley.

d. Fallo y fundamentos jurídicos que lo justifican.

Se desestima la demanda de Incosesa y la finca permanece embargada. La razón es que Incosesa no tiene la condición de tercero, necesaria para poder iniciar un procedimiento de este tipo. Para llegar a esa conclusión el tribunal levanta el velo de la personalidad jurídica. Habla de simbiosis entre la sociedad tercerista y los ejecutados por confusión de personalidades y patrimonios.

— No existe privación alguna del derecho de propiedad
— Confusión de personalidades y patrimonios
— Aplicación correcta de la doctrina del levantamiento del velo de la personalidad jurídica

114. La entidad mercantil VSA (vendedora) promovió juicio contra CSA (compradora) reclamando el pago de diversas partidas de pescados y mariscos frescos y congelados, cuyo importe ascendía a la cantidad de 979 585 pta, más los intereses legales correspondientes. La sociedad demandada había desaparecido de su local social, ubicado en la localidad de Esplugues de Llobregat, pero se mantenía este domicilio tanto en los asientos del Registro Mercantil como en los archivos fiscales, frustrando en definitiva las legítimas pretensiones de cobro de la actora al encontrar vacíos los locales de la sociedad adquirente de la mercancía. Por este motivo, posteriormente se lleva a cabo una ampliación de la demanda contra los esposos don Ramón (administrador único de la sociedad) y doña María (apoderada y socia mayoritaria junto con su esposo). ¿Podrá cobrar finalmente la vendedora el importe de los pescados y mariscos, procederán los tribunales a levantar el velo de la personalidad jurídica? Analiza los motivos que han llevado al tribunal a su fallo.

Véase la SAP de Barcelona (sec. 16) del 22/7/1999, RJC 1999, n.º IV, pp. 1098-1101.

115. El señor G. es socio mayoritario de varias sociedades, entre ellas BSA, que tienen como finalidad la sucesiva constitución de sociedades y su posterior descapitalización una vez obtenido el rendimiento económico pretendido con el correspondiente perjuicio de sus acreedores. Concretamente, el señor G. entró en contacto con MSL para que esta, importadora de unas determinadas bicicletas italianas, se las suministrara con destino a una promoción de ventas iniciada por un banco. El pago de las bicicletas, que fueron suministradas el día 15 de mayo de 1992, se instrumentó en varias letras de cambio, aceptadas por el administrador de la sociedad, el señor S. Todas ellas resultaron impagadas. ¿Qué harías si estuvieses en el lugar de MSL para conseguir cobrar? ¿En qué argumentos (artículos concretos y razonamientos jurídicos) basarías tu demanda para poder dirigirla contra el señor G. (socio único o mayoritario) y el señor S. (administrador único de la sociedad impagadora), pues la sociedad BSA es insolvente, ya que han vaciado su patrimonio? Véase la SAP de Barcelona del 6/7/1999, RJC 1999, n.º IV, pp. 1102-1103.

Véanse igualmente sobre levantamiento del velo las sentencias siguientes: STSJ de Cataluña del 3 de diciembre de 1998, RJ 1998/629 (Estació de Servei Bonavista SL alega excepción de falta de legitimación pasiva cuando se le reclama el pago de un legado. No se estima la excepción, al levantarse el velo de la personalidad jurídica). STS del 12/2/1999, RJ 1999/654. STS del 22/2/1999, RJ 1999/1058 (Nosatrans SL demanda a Montajes Cies y a Lesamar pretendiendo recuperar a través de una tercería de dominio el buque Nataly, liberándolo del embargo que pesaba sobre los bienes de las dos demandadas. Montajes Cies reconviene solicitando la nulidad del contrato de venta del buque que habían celebrado Nosatrans y Lesamar, alegando además que Nosatrans carece de la condición de tercero por existir identidad entre ella y la deudora Lesamar).

116. Las sociedades CEPYGSA y SATCI celebran un contrato de promesa de venta del Hotel Florida. Se trata de un contrato complejo (estipulación a favor de tercero) que compromete a la propietaria del hotel, Promotora de Televisión Catalana, a venderlo a SATCI o a quien ella designe, por un precio que habrá de pagarse bien a CEPYGSA, bien a otra sociedad llamada Tecnec SA. El contrato se hace realidad el día 21 de abril de 1990, fecha en la que se firma la escritura pública de compraventa del hotel, a favor de la sociedad Segle SL. Sin embargo, la sociedad SATCI incumple los compromisos asumidos en el contrato de promesa de venta. Y por eso CEPYGSA y Tecnec SA interponen una demanda de reclamación de

cantidad (20 643 724 pta por un lado, 50 000 000 pta por otro) contra SATCI y Segle SL. El juez de primera instancia estima parcialmente la demanda, y condena a las codemandadas a pagar 20 643 724 pta, solidariamente, a las demandantes. Segle SL apela y vence: la AP le absuelve de toda responsabilidad, manteniendo la sentencia de instancia en cuanto al resto de pronunciamientos, quedando SATCI como única responsable de la deuda. El problema es que SATCI es insolvente, no puede hacer frente al pago. Así que las demandantes, CEPYGSA y Tecnec SA, interponen un recurso de casación frente al TS, buscando la responsabilidad de Segle SL. Téngase en cuenta que A. S. es el dueño, junto con su esposa y un testaferro, de SATCI, y también es el apoderado, simultáneamente, de Segle SL, sociedad que pertenece en un 70 % a SATCI y el 30 % restante a A. S. Otro dato relevante es que Segle SL se constituye el día 17 de abril, tres días antes de la escritura de venta. ¿Cuál será el fallo del TS? Véase la STS del 12 de noviembre de 2001, RJ 2001/9446.

117. El 3 de diciembre de 1993 la sociedad Entorn i Habitatge SL firmó un contrato de arrendamiento de obra con Esperanza, representante de la sociedad Bay Club Hotel SL, para la realización de unas obras de reforma, mejora y acondicionamiento del Hotel Bahía Club, propiedad de la sociedad Bahía Peguera SA, y explotado por Comercial Turística SL. El importe total de la obra ascendía a 89 803 940 pta, y están pendientes de pago 34 937 628 pta Entorn i Habitatge SL los reclama, pero el hotel le responde que debido a deficiencias en la obra (defectuosa formación de las pendientes en las terrazas, revestimiento de la fachada) no va a pagar. Se da la circunstancia de que Bay Club Hotel SL es insolvente. ¿Qué puede hacer Entorn i Habitatge SL? Véase la STS del 20 de octubre de 2006, RJ 2006/6550.

9.2. Sociedad irregular

118. La sociedad Viguetas Lanzarote SL ha realizado una serie de préstamos, que ascienden a la cantidad de 72 337 580 pta a la sociedad Hermanos Barambio SL, préstamos que, llegada la fecha del vencimiento, no han sido devueltos. Los administradores de la sociedad prestamista han tratado siempre con tres socios de Hermanos Barambio SL, Juan María, Daniel y Valentina, propietarios del 33 % del capital de la sociedad. Al interponer la demanda para recuperar el dinero, descubre la sociedad Viguetas Lanzarote SL que la pretendida sociedad Hermanos Barambio SL no existe. En realidad, no está inscrita en el RM. ¿Qué pueden hacer los prestamistas? Véase la STS del 19/12/2006, RJ 2007/382.
a. Quién es el demandante, el demandado y la causa de pedir.
Demandante: Viguetas Lanzarote SL.

Demandados: Juan María, Daniel y Valentina.

Reclamación de cantidad: se reclaman 72 337 580 pta, importe global de una serie de préstamos realizados por la actora.

Los demandados alegan, entre otras cosas, falta de legitimación pasiva, pues el préstamo se concedió a la sociedad Hermanos Barambio SL y no a los demandados como personas físicas.

b. Resumen de los hechos y camino procesal.

Hermanos Barambio SL es una sociedad que no está inscrita en el RM.

— 1.ª Instancia: Se estima la excepción de falta de legitimación pasiva y, por lo tanto, se absuelve a los demandados.

— 2.ª Instancia: Se estima el recurso de apelación, se condena a los demandados al pago de 72 337 580 pta de forma solidaria.

— TS: Confirma la sentencia de 2.ª Instancia: los demandados tienen que pagar 72 337 580 pta de forma solidaria.

c. Principales normas que se citan en el caso.

Arts. 6, 7 y 11.3 LSRL y art. 16 LSA. En la actualidad serían los arts. 39 y 40 LSC.

Art. 127 Ccom.

d. Fallo y fundamentos jurídicos que lo justifican.

El fallo es favorable a la sociedad Viguetas Lanzarote SL.

La razón es la aplicación de los arts. 39 y 40 LSC que regulan la sociedad irregular. Hermanos Barambio SL no está inscrita en el Registro Mercantil, ha de ser considerada sociedad irregular. Por ello carece de personalidad jurídica propia independiente de los socios (arts. 6 LSRL y 7 y 16 LSA), y los socios responden de forma solidaria de las deudas en los términos del art. 127 CCom.

9.2. Sobre SA

119. El registrador mercantil deniega la inscripción de una sociedad que pretende denominarse Hermanas de la Caridad Madre Abadesa y Beato Patxi, por su coincidencia notoria con el de otras entidades, aunque no figuren inscritas en el RM, y su falta de relación con el objeto social. También entiende el registrador que si se considera que se trata de una denominación subjetiva no consta el consentimiento de la persona jurídica afectada. La sociedad recurre la nota del registrador ante la DGRN alegando que había conseguido la preceptiva certificación negativa del Registro Mercantil Central. Expón todos los artículos que utiliza cada una de las partes, y explica también el fallo de la DGRN. Véase la Resolución DGRN del 26 de junio de 1997, RJ 1997/4572.

120. Se intenta inscribir una escritura de constitución de una sociedad con el objeto social siguiente: publicación de libros, revistas, carteles, etc. El registrador no lo admite por no guardar relación con la denominación social adoptada, y porque la partícula «etc.» lo hace impreciso. La sociedad recurre la nota del registrador ante la DGRN. Explica todos los artículos que sustentan las diferentes posturas y el fallo final de la DGRN. Véase la Resolución DGRN del 26 de junio de 1997, RJ 1997/4572.

121. El día 8 de enero de 1998 Manuel y Concepción constituyen ante notario la sociedad Pintores Claudia SL. Cuando llevan al RM la escritura, el registrador se niega a la inscripción por entender que la denominación social vulnera lo dispuesto en el art. 401 RRM, que prohíbe la inclusión total o parcial en la denominación de las sociedades capitalistas del nombre o seudónimo de una persona sin su consentimiento, que se presume prestado cuando aquella sea socia. Manuel y Concepción interponen un recurso ante la DGRN, por estimar que el registrador está interpretando de forma incorrecta el artículo mencionado. ¿Cuál es la interpretación que la DGRN hace del precepto? Véase la Resolución DGRN del 8/10/98, RJ 1998/7220.

122. El registrador se niega a inscribir una cláusula estatutaria de objeto social que enumera algunas actividades genéricas (como la explotación y comercialización de bienes raíces, tanto de naturaleza urbana como rústica) y seguidamente una serie de actividades, más concretas, en relación con los bienes de una y otra naturaleza, aparte de otras actividades ajenas a la idea de explotación de bienes raíces. Explica los motivos que tuvo el registrador para denegar la inscripción y la posición que adoptó la DGRN al solucionar el recurso que presentó la sociedad. Véase la RGRN de 22/5/1997, RJ 1997/3856.

123. Una sociedad civil cuyo objeto social es la compraventa de inmuebles, promoción, construcción de edificaciones y cualquier otro relacionado con los señalados anteriormente, no está inscrita en el Registro Mercantil. Dicha sociedad pretende inscribir en el Registro de la Propiedad la compraventa de un inmueble. El registrador de la Propiedad deniega la inscripción, y la sociedad recurre ante la DGRN la nota denegatoria. ¿Confirmará la DGRN la nota del registrador, o bien ordenará la inscripción del inmueble a favor de la sociedad? Véase la RDGRN de 1/4/1997, RJ 1997/3586.

Otras sentencias de interés sobre denominación social: RDGRN del 10/10/2000, *BOE* 6-11: Internet.com.sl. STS del 21/10/94, RJ 1994/9036: Pérez Hernández. STS del 26/6/95, RJ 1995/5114: Avianca.

9.3. Sociedad en formación

124. Algenib SA interpone una tercería de dominio contra el Banco de Andalucía SA, reclamando la propiedad de un inmueble que, a instancias del banco, había sido embargado el 16 de junio de 1982. En realidad, el deudor del banco y causante del embargo no era la sociedad Algenib, sino J. M., quien había vendido el inmueble a la citada sociedad el 16 de febrero del mismo año. Contestando a la reclamación de Algenib SA, el banco alega que la sociedad no puede ser la propietaria del inmueble, porque el día 16 de junio no estaba todavía inscrita en el Registro Mercantil (se inscribió finalmente el día 24 de noviembre de ese año) y no había adquirido en consecuencia personalidad jurídica independiente en ese momento. ¿Le dará la razón el tribunal a Algenib SA? Véase la STS del 31/1/90, RJ 1990/110.

a. Quién es el demandante, el demandado y la causa de pedir.

Demandante: Algenib SA.

Demandado: Banco de Andalucía.

Tercería de dominio: Algenib SA reclama un inmueble que ha sido embargado por deudas de un socio.

b. Resumen de los hechos y camino procesal.

— 16 de febrero de 1982: escritura pública de venta del inmueble a favor de Algenib entonces en formación.

— 16 de junio de 1982: se traba embargo sobre el inmueble.

— 24 de noviembre de 1982: la sociedad Algenib SA se inscribe de forma definitiva.

Camino procesal:

— 1.ª Instancia: Se estima la demanda; gana Algenib SA.

— 2.ª Instancia: Se estima el recurso de apelación; pierde Algenib SA.

— TS: Casa la sentencia de la AP y confirma la sentencia de 1.ª Instancia: Algenib SA recupera el immueble.

c. Principales normas que se citan en el caso.

Art. 7 LSA, en la actualidad serían los arts. 38 a 36 LSC.

Art. 1462.2 CC.

d. Fallo y fundamentos jurídicos que lo justifican.

El fallo es favorable a la sociedad Algenib SA. Dice el TS: «La sentencia recurrida no estima transmitido el dominio a favor de la recurrente hasta que no se inscribió la constitución de la sociedad en el RM, pese a constar la transmisión en escritura pública con lo cual se infringe abiertamente el art. 1462 CC [...]. La transmisión del dominio de los citados inmuebles se operó en la fecha de la escritura, 16 de febrero de 1982, fecha en que perdió el dominio el transmitente, y, por tanto, el embargo efectuado después sobre esos bienes se practicó sobre inmuebles que ya no pertenecían al deudor».

125. Mediante contrato privado efectuado el 25 de septiembre de 1991, Franco, Inés, Carina y Simón (familia Ignacio) venden a un tal Álvaro (en representación de una sociedad mercantil en vías de constitución) una casa sita en Sant Vicent del Raspeig, con las siguientes condiciones: el precio se fija en 45 millones de pta de los que 5 son abonados a la firma del contrato, 20 millones se pagarían antes del 25 de abril de 1992 y otros 20 millones en el momento del otorgamiento de la escritura pública; los vendedores se obligan a la entrega de la finca cuando se haya satisfecho totalmente el precio (cláusula 3.ª); se pactan cláusulas genéricas de resolución contractual por incumplimiento de alguna de las partes (cláusulas 7.ª y 8.ª) y finalmente, se estipula que «los vendedores antes reflejados, se comprometen a que, antes del 25 de abril de 1992, [deberán] presentar un documento o escritura en el que se acredite la titularidad sobre las fincas objeto de este contrato, así como un certificado de libertad de cargas de dicha finca; en caso contrario, se rescindirá el contrato, asumiendo los gastos que se hayan efectuado hasta la fecha en este solar». El 18 de mayo de 1992 Álvaro, en nombre de la sociedad Coprosavi SL (sociedad constituida en escritura pública el 17 de enero de 1992), requiere notarialmente a los vendedores, ante el incumplimiento de lo pactado en el contrato, dándolo por resuelto en caso de que el vendedor no justifique su titularidad antes del 15 de septiembre de 1992. Los vendedores manifiestan la imposibilidad de hacerlo en la fecha indicada por la tardanza en la tramitación de la herencia de Simón, fallecido con posterioridad al otorgamiento del contrato. En este contexto, la sociedad Coprosavi SL interpone una demanda contra la familia Ignacio solicitando la resolución del contrato de compraventa del inmueble más una indemnización por daños y perjuicios superior a 11 millones de pesetas. ¿Tendrá éxito? Véase la STS del 22 de noviembre de 2007, RJ 2007/38.

9.4. Sociedad colectiva

126. El 3/4/97 mediante escritura pública autorizada ante notario se elevaron a público los acuerdos tomados en la junta universal de la sociedad Estudios Jurídico Almagro y Cía, SRC. Presentada la anterior escritura en el Registro Mercantil de Madrid, el registrador decidió no practicar la inscripción solicitada, porque la hoja

de la sociedad a que se refiere el precedente documento había sido cerrada por falta de depósito de las cuentas anuales conforme a lo establecido en el art. 378 RRM. Exigía el registrador para inscribir que con carácter previo se practicase el depósito de las cuentas anuales debidamente aprobadas. La sociedad recurre la decisión del registrador ante la DGRN. ¿Cuál será su decisión? Analiza cuidadosamente todos los argumentos que se exponen en la resolución DGRN del 9/10/98, RJ 1998/722.

9.5. Restricciones estatutarias a la libre transmisión de las acciones

127. El día 3/12/1992 mediante escritura pública otorgada ante el notario de Madrid se elevaron a públicos los acuerdos adoptados por la junta general ordinaria y extraordinaria de la mercantil Gratisfilm Photocolor Club SA, referente al aumento de capital social y modificación del art. 11 de los Estatutos sociales, que regula las restricciones a la libre transmisibilidad de las acciones, que queda redactado como sigue: «Art. 11. La transmisión de las acciones, con todos sus derechos y obligaciones, se realizará de conformidad con lo dispuesto en las leyes y con sujeción a los requisitos y las limitaciones siguientes: a) Cuando algún accionista pretenda enajenar sus acciones, en su totalidad o en parte, deberá comunicarlo mediante notificación fehaciente solicitando la correspondiente autorización al presidente del Consejo de Administración, depositando los títulos en poder del Consejo de Administración de la Sociedad. La Sociedad gozará de un derecho absoluto de preempción sobre los títulos ofrecidos dentro de los límites, para el destino y con las formalidades establecidas para la autocartera en la Ley de Sociedades Anónimas. Este derecho podrá ejercitarlo la Sociedad de forma directa adquiriendo para sí misma o de forma indirecta, mediante cesión a otra Entidad mercantil del grupo en cuyo capital posea una participación no inferior al 90 por 100. Si este derecho preferente de compra fuese renunciado o no se ejercitase en el plazo de treinta días naturales siguientes al del recibo de la notificación, surgirá un derecho preferente a favor del resto de accionistas, a quienes deberá notificar el Presidente del Consejo la existencia de la oferta. Los accionistas podrán optar a la adquisición de todas o parte de las acciones ofrecidas, mediante comunicación escrita dirigida al Presidente del Consejo, en el plazo de los veinte días naturales siguientes. De ser varios los accionistas que deseen adquirir las acciones ofrecidas se distribuirán estas entre todos los interesados, en proporción a las acciones que posean. Vencido este último plazo, en los cinco días naturales siguientes, el Presidente del Consejo comunicará por escrito al accionista oferente los nombres de los accionistas compradores y la cantidad de acciones que cada uno de ellos ha

de adquirir. Tanto el accionista oferente como los adquirentes quedarán obligados formalizar la transmisión de las acciones de que se trate, sin que pueda ninguno, por lo tanto, desistir de su decisión, que se llevará a efecto de conformidad con los demás apartados de este artículo. Transcurrido el plazo de dos meses desde que se presentó la solicitud de autorización sin que la Sociedad haya contestado a la misma, se considerará que la autorización ha sido concedida. b) La transferencia se formalizará dentro de los treinta días naturales siguientes a la fecha en que se hubiera notificado por el presidente al accionista oferente los nombres de la Sociedad o accionistas compradores y, en su caso, la cantidad de acciones que cada uno de ellos ha de adquirir. c) El precio de las acciones no podrá ser menor del correspondiente al valor teórico contable que resulte del Balance consolidado. Dicho valor teórico vendrá determinado por el resultado de dividir la cifra de capital más reservas más remanente que figuren en dicho balance, por el número de acciones que tuviera emitidas y en circulación la Sociedad. d) En el caso de que decidiera adquirir la propia Sociedad o su participada, el Consejo de Administración, a la vista de la situación de Tesorería de la adquirente, podrá acordar que el pago del precio de la compraventa de las acciones sea satisfecho al vendedor de la siguiente forma: 1. En el momento de formalizarse la compraventa de las acciones habrá de desembolsarse por la Sociedad adquirente, en dinero efectivo, al menos, una cantidad igual al 20 por 100 del precio de compra. 2. El precio restante se pagará en un plazo no superior a cinco años: Dichos pagos aplazados se incrementarán con un interés al tipo del 10 por 100 anual, o al que en ese momento sea el tipo de interés básico del Banco de España, si este fuera superior. 3. El vendedor podrá exigir que el precio aplazado se instrumente en letras de cambio aceptadas por la Sociedad compradora. Este acuerdo de aplazamiento de pago, sin perjuicio de su inmediata ejecutividad, deberá ser ratificado por la primera Junta General que se convoque y de no producirse acuerdo favorable, el aplazamiento quedará sin efecto, siendo exigible el pago del resto del precio de forma inmediata, con los intereses del 10 por 100 anual desde la fecha de la compraventa. e) Si, observadas las normas previstas en el apartado a), ni la Sociedad ni ningún accionista quisieran adquirir las acciones ofrecidas, o quedaran acciones disponibles, el oferente quedará en libertad para transferir a quien desee el remanente de acciones, dentro del plazo máximo de dos meses a contar desde la autorización de la Sociedad o desde que presuntamente se haya producido esta conforme a la ley, plazo durante el que deberá remitir el Consejo certificación fehaciente de la transferencia. De no recibirse por el Consejo en el indicado plazo, la aludida certificación se entenderá, a todos los efectos, que dicho accionista vendedor ha desistido de la venta y no surtirán ningún efecto las notificaciones que anteriormente hubiera hecho, según lo prevenido en el párrafo a) anterior [...]». Presentada la anterior escritura en el RM de Madrid. ¿La admitirá el registrador?

¿Cuáles son los motivos que tendrá para denegar la inscripción a la luz de las disposiciones de la LSA y el RRM? Véase la RDGRN del 20/8/1993. R. 7120.

128. El 12/5/80 se constituyó en escritura pública la sociedad anónima Nirol, siendo fundadores Francisca, Manuel y Alfonso. El 30/4/81 Alfonso vendió sus acciones a una tal María. El 14/3/89 Francisca demanda a María solicitando que se declare la nulidad de la compraventa de acciones de 1981 por tratarse de una operación que no había respetado el derecho de adquisición preferente que se establece en el art. 4 de los Estatutos de la sociedad, del siguiente modo: «Cualquier accionista que quiera enajenar o transmitir sus acciones deberá notificarlo a la Administración social, la cual en 15 días lo comunicará a los demás accionistas, ejercitándose el derecho de preferencia por medio de dicha Administración social dentro de los 30 días hábiles siguientes, y las transmisiones sin sujeción a lo expuesto no obligarán a la sociedad ni serán reconocidas por la misma». La cuestión que da interés al caso es que María ha venido siendo admitida en las juntas generales de la sociedad desde que compró las acciones hasta la fecha. ¿Anulará el tribunal la compraventa de acciones de María? Explica los motivos y las condiciones de la anulación o validez del contrato. Véase la STS del 16/2/96, RJ 1996/1256.

129. ¿Es válida y por consiguiente podrá ser inscrita la siguiente cláusula estatutaria: «El valor de las acciones se determinará por las partes de común acuerdo, y a falta de este el valor o precio de las acciones será el que resulte del valor que les corresponde según el Balance inmediato anterior»? Véase la RDGRN del 2/2/95, RJ 1995/1328.

130. ¿Es válida y por consiguiente podrá ser inscrita una cláusula estatutaria que atribuya un derecho de adquisición preferente al consejo de administración y que establezca que las dudas a que dé lugar la enajenación de las acciones serán resueltas por dicho consejo? Véase la RDGRN del 9/1/95, RJ 1995/184.

131. Los administradores de una sociedad pretenden inscribir en el RM la facultad de afianzar y prestar avales. ¿Les dejará el registrador? Plantea todos los problemas que una cláusula de este tipo puede suscitar. Véase la RDGRN del 16/3/90, RJ 1990/2302.

132. Se pretende inscribir en el RM una cláusula estatutaria que permita a los administradores constituir o participar en otras sociedades. ¿Puede plantear esta

cláusula algún problema? Véanse el art. 117 RRM y las RDGRN del 27/4/92, del 1/12/93, y del 3/10/94.

133. Juan es socio de una anónima. Quiere vender sus acciones. Cómo ha de hacerlo, si: a) sus acciones cotizan en Bolsa; b) sus acciones no cotizan en Bolsa y son nominativas y c) sus acciones no cotizan en Bolsa y son al portador. Tampoco consulta con su esposa aunque son un matrimonio en régimen matrimonial de gananciales. ¿Tendrá algún problema el adquirente de las acciones? Véanse los arts. 1384 y 1385 CC y la RDGRN del 25/5/87. Véase NORZAGARAY, «Regulación de bienes gananciales, una interpretación actualizada del art. 1384 CC», *Revista Tribuna Mercantil,* n.º 16, mayo de 1999, pp. 4 y ss.

134. El artículo 6.º de los estatutos de la sociedad José Sánchez Peñate SA impone al socio que se proponga transmitir *inter vivos* una o más acciones a personas o a persona que no sea poseedor de títulos de la misma serie el deber de comunicarlo por escrito dirigido al Consejo de Administración, como paso previo e imprescindible para el ejercicio de un derecho de adquisición preferente por los demás socios. El socio mayoritario de la sociedad, José Sánchez Peñate SA, hace una aportación no dineraria a la sociedad Josilac SL de las acciones que ostenta en José Sánchez Peñate SA, y no hace comunicación de ningún tipo al Consejo de Administración, sin respetar el art. 6 de los Estatutos, impidiendo de este modo el ejercicio del derecho de adquisición preferente del resto de los socios. Los socios minoritarios de José Sánchez Peñate SA solicitan la anulación de la aportación de acciones a Josilac SL por entender que se trata de un negocio radicalmente nulo por violar el art. 63 LSA. ¿Es la aportación de acciones equiparable a la transmisión *inter vivos* a que hace referencia el art. 6 de los mencionados Estatutos? Y, si es así, ¿cuáles son las consecuencias de la infracción mencionada? Véase la STS del 25/10/99, RJ 1999/7398.

9.6. Sobre órganos sociales

135. ¿Son correctas y por tanto inscribibles las siguientes cláusulas como parte de los estatutos de una SA?

a. Los socios que pretendan asistir a la junta general deberán acreditar su condición depositando sus acciones en el Banco Español de Crédito siete días antes de la celebración de la junta.

b. Los socios que pretendan asistir a la junta general deberán acreditar su condición depositando sus acciones en el Banco Español de Crédito dos días antes de la celebración de la junta.

c. La junta general de accionistas quedará válidamente constituida en su primera convocatoria cuando los accionistas presentes posean al menos el 20 % del capital social.

d. La junta general de accionistas quedará válidamente constituida en su primera convocatoria cuando los accionistas presentes posean al menos el 30 % del capital social.

e. Los administradores estarán obligados a convocar junta general extraordinaria cuando lo soliciten socios titulares de al menos un 13 % del capital social.

f. Los administradores estarán obligados a convocar junta general extraordinaria cuando lo soliciten socios titulares de al menos un 2 % del capital social.

136. Se publica un anuncio de junta general de una sociedad X el día 1 de abril en el diario *El País,* y la sociedad está domiciliada en Huesca. La fecha de la reunión en su primera convocatoria es el 16 de abril a las 12 h, y en su segunda convocatoria ese mismo día a las 15 h. Expón todos los posibles problemas que se planteen, fundamentándolos en derecho. Véanse las resoluciones de la DGRN 1734/1995, 8084/1995 y 5574/1995.

137. Los estatutos de una SA obligan a conferir la representación en junta a un socio siempre. Jaime da su representación a un no socio, a quien por error se admite en junta. Luego Jaime pretende impugnar los acuerdos de la junta por defecto de constitución, y mantiene que los acuerdos son anulables por infracción de los estatutos. Véase la STS del 6/2/1987, RJ. 685. Véase también la STS del 5 de julio de 2022 (ECLI:ES:TS:2022:2774).

138. Martín quiere convocar urgentemente una junta general extraordinaria en su sociedad porque la gestión de los administradores está siendo pésima y va a llevar a la sociedad a la ruina. Pretende cesar a los directivos. Los administradores ignoran sus requerimientos. ¿Qué puede hacer Martín?

139. Luis, administrador de la sociedad Benito Blázquez e Hijos SA, estaba perjudicando gravemente los intereses de esta empresa. La razón era que de forma simultánea administraba la sociedad DISA, que se dedicaba al mismo tipo de actividad que la primera, y con absoluta mala fe perjudicaba sustanciosos contratos que Benito Blázquez e Hijos SA podía haber logrado. Gerardo, hermano de Luis y socio minoritario de Benito Blázquez e Hijos SA, intentó hacer dimitir a su hermano del puesto de administrador, alegando los arts. 131 y 132 LSA. Intentó

conseguir un acuerdo de la junta general en ese sentido, pero no lo logró. Luis era socio mayoritario; tenía la mayoría de los derechos de voto. Además, ante la presión de Gerardo, Luis se sustituyó a sí mismo como administrador de la sociedad DISA, y colocó en su lugar del consejo de administración a su esposa, para que su hermano no contase con la posibilidad de impugnar el acuerdo de junta, usando el art. 115 LSA, y apoyándose en la infracción de los arts. 131 y 132 LSA. ¿Tiene el pobre Gerardo alguna posibilidad? ¿Qué falló el TS? Véase la STS del 9 de septiembre de 1998, R. 6608.

140. La sociedad Coalba Energía SA solicita la declaración de nulidad del acuerdo de disolución de ABC Electronic SL, sociedad filial suya, por estimarlo perjudicial para el interés social. Los administradores de ABC Electronic SL, que convocan y reúnen la junta en la que la sociedad fue disuelta, son simultáneamente administradores de ABC Electrónica Internacional SA, sociedad competidora de la disuelta. ¿Le darán la razón a Coalba Energía SA? ¿Qué puede argumentar? Véase la STS del 17 de abril de 1997, RJ 1997/2915.

141. Por escritura pública se constituyó la sociedad Diagnóstico en Papel SL. Pero el registrador deniega la inscripción porque los estatutos no prevén la antelación con que han de celebrarse las reuniones del consejo de administración. Explica los motivos que tuvo el registrador para denegar la inscripción y la posición que adoptó la DGRN al solucionar el recurso que presentó la sociedad. Véase la RDGRN 5/10/98, R.7217.

142. Juan demanda a Herederos del Marqués del Real Tesoro y a José Estévez SA solicitando la anulación de la fusión entre ambas entidades y de la junta general en que se llevó a cabo la misma. Las demandadas se defienden reconviniendo, pues entienden que Juan no tiene legitimación para impugnar los acuerdos, ya que la condición de socio la adquirió el 5/6/91, fecha de la escritura pública de transmisión de las acciones, mientras que la junta se celebró antes, el día 29/12/90. Véase la STS del 4/3/99, RJ 1999/1360.

143. MOTYVEL MARIVENT YACHT SL (en adelante MOTYVEL) es una sociedad constituida el 12 de septiembre de 2011, cuyo objeto social es la importación, exportación, distribución, comercialización, alquiler de toda clase de vehículos de motor y embarcaciones de vela; la compraventa de amarres para dichos vehículos y embarcaciones y la administración y gestión de empresas del sector náutico y el motor. Su capital social ascendía inicialmente a 100 000 euros, dividido en 1000 participaciones, que se distribuían así:

— MOTYVEL YACHT CHARTER SL (MOTYVEL YACHT) 400 participaciones, 40% del capital.
— MARIVENT YACHTS SL (MARIVENT), 400 participaciones, 40% del capital.
— Fermín, 200 participaciones, 20% del capital.

MOTYVEL era administrada por Fructuoso (administrador de MARIVENT), Fermín y Mauricio (administrador de MOTYVEL YACHT) como administradores solidarios.

Tras algunos meses de disputas, especialmente, desde mediados de junio de 2017, las relaciones entre los socios se quebraron de manera definitiva, iniciándose conversaciones entre los socios con el objeto de liquidar las relaciones pendientes en el seno de la sociedad que abandonaría MARIVENT. En este contexto, el 9 de junio de 2017 en junta general extraordinaria universal se decidió por unanimidad el cambio de denominación de la sociedad, que pasó a llamarse MOTYVEL MOTORS YACHTS SL (MOTYVEL). Además, se produjo la renuncia a su cargo de los administradores de MOTYVEL quedando Mauricio como administrador único.

El 6 de noviembre de 2017, se celebró Junta General Extraordinaria de MOTYVEL. Asistieron únicamente MOTYVEL YACHT y Fermín (60% del capital social) y se acordó un aumento de capital como consecuencia del cual MARIVENT vio reducida su participación en la sociedad al 13,79% del capital.

MARIVENT ahora demanda la nulidad de los acuerdos adoptados en esta junta al entender que había sido convocada de mala fe y con abuso de derecho (art. 7 CC), por haberse cambiado de forma repentina el sistema de convocatoria, sin advertir personalmente a la impugnante de su celebración pese al carácter limitado de la sociedad, con solo tres socios, y pese a la trascendencia de los asuntos contenidos en el orden del día. La parte demandada se opuso alegando que la convocatoria se había realizado con respeto a los estatutos sociales; que el Fructuoso no había sido cesado, sino que había renunciado voluntariamente al cargo de administrador en un contexto de enfrentamiento abierto entre los socios, al haber actuado en perjuicio del interés social; y que, a la vista de la situación creada por la actuación de Fructuoso, la sociedad se había visto obligada a aumentar su capital. Véase la STS de 20 de febrero de 2025, JUR\2025\23331.

a.: Quién es el demandante, quién es el demandado y la causa de pedir.
Demandante: Marivent Yachts SL.
Demandados: Motyvel Motor Yachts SL, Motyvel Yachts Charter SL, Fermín, Port Adriano Yacht Charter SL y Locks Yachts SL.
b. Delimita el problema. Explica el camino procesal.

Marivent demanda la nulidad de la junta por el cambio sorpresivo en la forma de convocatoria que le impidió acudir y participar en el aumento de capital acordado, provocando la dilución de su participación en el capital social.

La *questio iuris* consiste en determinar si la convocatoria de la junta de socios (en una sociedad integrada por tres socios cuyas juntas inmediatamente anteriores habían sido universales) realizada por el administrador único, utilizando el sistema de publicidad previsto en los estatutos y regulado en la ley, y sin aviso particularizado previo (aviso no exigido por los estatutos vigentes) al socio actor (MARIVENT YACHTS), con quien ya se habían quebrado las relaciones de manera definitiva, encaja o no en la figura del abuso de derecho.

Camino procesal:

— 1.ª Instancia: Se estima la demanda; gana MARIVENT.
— 2.ª Instancia: Se desestima el recurso de apelación; vuelve a ganar MARIVENT.
— TS: Confirma la sentencia de la AP, gana finalmente MARIVENT.

c. Recoge las normas y los argumentos que se discuten principalmente en el caso.

Arts. 7.1 y 7.2 CC, abuso de derecho.

d. Explica el fallo de la sentencia. ¿Cuál fue la decisión del tribunal y cuál su fundamento jurídico?

El fallo es favorable a MARIVENT. Los motivos son:

— El órgano de administración modificó sorpresivamente la forma de convocar la junta sin comunicárselo al socio demandante con la intención de que no pudiera asistir, de modo que no pudo suscribir el acuerdo de ampliación de capital que se aprobó en la misma y su participación en el capital social quedó diluida considerablemente.
— El clima de enfrentamiento o la hostilidad entre socios no justifica la actuación seguida por el administrador único al convocar la junta mediante anuncios, sorteando cualquier aviso personal, como venía ocurriendo. Téngase en cuenta que la sociedad contaba con solo tres socios y que dos de ellos, MOTYVEL YACHT y Fermín, tomaron la iniciativa para la convocatoria, bastaba con que hubieran compartido su decisión con el tercero.
— La modificación del sistema de convocatoria y el recurso al mecanismo previsto en los estatutos, que es menos efectivo que la comunicación personal, infringe el art. 7.2. CC al haber actuado la sociedad de mala fe y con abuso de derecho.
— La demandada no actuó conforme a las exigencias de la buena fe (art. 7.1 CC) e incurrió en abuso de derecho (art. 7.2 CC) que solo procede cuando

el derecho se ejercita con la intención bien decidida de causar daño a otro o utilizándolo de modo anormal y contradictor de la armónica convivencia social. Su apreciación exige que la base fáctica ponga de manifiesto las circunstancias objetivas, anormalidad en el ejercicio, y las subjetivas, voluntad de perjudicar o ausencia de interés legítimo. Tales notas caracterizadoras están presentes en este caso. El abuso de derecho se manifiesta por el hecho de haber acudido el administrador al cauce formal de la convocatoria, de acuerdo con lo previsto en los estatutos, cauce nunca antes observado, sin asegurarse su conocimiento real por la actora. La separación de lo que había sido una práctica seguida durante toda la vida de la sociedad exigía del administrador que advirtiera a los socios el abandono de esa práctica y el acogimiento del sistema previsto en la ley y los estatutos. La demandada buscó intencionadamente y logró, en fin, que MARIVENT no se enterase de la convocatoria, diluyendo de este modo su participación en la sociedad.

Por ello se declara la nulidad de la junta y todos sus acuerdos, así como la adjudicación de las participaciones emitidas con ocasión de la ampliación de capital.

144. Después de haber leído el artículo de Francesco GALGANO titulado «El desplazamiento del poder en las sociedades anónimas europeas», *Estudios jurídicos sobre la sociedad anónima,* Madrid, 1995, pp. 60 y ss., responde a las siguientes preguntas:

    a.   Describe el sistema de control societario del siglo XIX.

    b.   ¿Qué cambios se han producido en el sistema en el siglo XX, y cuáles son las razones?

    c.   Enumera los aspectos positivos y los negativos de la llamada «revolución gerencial».

    d.   Explica qué es el «efecto anteojo».

    e.   ¿Cuál es la propuesta del «gerencialismo americano»?

    f.   ¿Cuál es, según el autor, la diferencia entre el sistema americano y el europeo? ¿Por qué allí el problema es mayor?

    g.   ¿Qué vías aparecen al autor como futuro probable del modelo de control societario actual? ¿Hacia dónde parece que tiende su evolución?

9.7. Sobre modificaciones estatutarias

145. El registrador mercantil de Barcelona se niega a inscribir una escritura de desembolso de dividendos y aumento de capital de una sociedad anónima, por considerar caducado el informe emitido por el experto independiente sobre el valor de los bienes aportados a la sociedad en la escritura. La fecha del informe del experto es el 28 de febrero de 1990, el acuerdo de aumento de capital es del 25 de enero de 1990 y la fecha de la escritura que acredita el desembolso de las aportaciones no dinerarias es el 27 de diciembre de 1997. (El art. 40.2 LSA establece que el plazo para el desembolso de las aportaciones no dinerarias no podrá exceder de 5 años). La sociedad recurre ante la DGRN. Explica la doctrina de la DGRN en este punto. Véase la RDGRN del 8 de mayo de 1997, RJ 1997/3854.

146. Una sociedad anónima lleva a cabo un aumento de capital por compensación de créditos, empleando la vía del art. 156 LSA. Para cumplir con el requisito del informe de auditoría exigido en este artículo contrata a un auditor *ad hoc*. El registrador no inscribe el aumento por entender que ese informe de auditoría no es válido. Además, alega el registrador que los créditos no fueron debidamente identificados, incumpliendo el art. 168 RRM. La sociedad recurre esta decisión. Explica la doctrina de la DGRN en este punto. Véase la RDGRN del 22/5/1997, RJ 1997/3856.

9.8. Sobre SL

147. El registrador mercantil de Madrid se niega a inscribir una escritura de modificación de estatutos de una sociedad de responsabilidad limitada por no especificar el número de administradores ni en su defecto el número máximo o mínimo para el supuesto de Consejo de Administración. La sociedad recurre la negativa ante la DGRN. Explica cuáles son los artículos que apoyaron la decisión del registrador, y cuál fue el fallo de la DGRN. Véanse las RDGRN del 14 de abril de 1997, RJ 1997/3589 y del 15 de abril de 1997, RJ 1997/3590.

148. Juan es socio de una SL. Vende su participación a través de un contrato privado, no acude al notario. Tampoco consulta con su esposa, aunque son un matrimonio en régimen matrimonial de gananciales. ¿Tendrá algún problema el adquirente de la participación? Véanse los arts. 1385 y 1384 CC y la RDGRN del 25/5/87. Véase NORZAGARAY, «Regulación de bienes gananciales, una interpretación actualizada del art. 1384 CC», *Revista Tribuna Mercantil*, n.º 16, mayo de 1999, pp. 4 y ss.

149. Por escritura de 6 de octubre de 1995, se elevaron a públicos los acuerdos adoptados por la junta general de Vicky Heredero y Asociados SL, celebrada el día anterior, y en la que se acordó la adaptación de la sociedad a la vigente legislación mercantil con aprobación del nuevo texto de los Estatutos sociales. Presentada copia de dicha escritura en el RM, el registrador suspende la inscripción por los siguientes motivos:

a) Por no constar el acuerdo de modificar el número y valor de las participaciones en que está dividido el capital social.

b) Por sustituir el sistema legal de convocatoria sin señalar indubitadamente el medio de convocar la junta general, pareciendo que se deja al arbitrio del administrador, violando el art. 46 LSRL.

c) Por no constar sistema de retribución, violándose el art. 66 LSRL.

La sociedad interpone recurso frente a la DGRN, manifestando el carácter unipersonal de la sociedad, alegando que por ello quedaban salvaguardados intereses de socios y terceros. ¿Cuál será el fallo de la Dirección? Véase la Resolución de la DGRN del 15/10/98, RJ 1998/7226.

9.9. Sobre AIE

150. A. Sur Publicidad SA demanda por incumplimiento de contrato de exclusiva a BBV Desarrollo 92 SA y a Aguas y Estructuras SA. La razón es que las demandadas no contrataron la publicidad acordada en el contrato mencionado con ella, sino con terceros, y por eso reclama ahora 6 millones de pesetas, que la demandante había abonado a las demandadas como anticipo de comisiones. Exige además el abono de otra serie de indemnizaciones, por daños y perjuicios. Las demandadas se defienden diciendo que forman una AIE, cuya responsabilidad ha de ser antepuesta a la de los socios, según dispone el art. 5 LAIE, y alegan como excepciones falta de legitimación pasiva y falta de litisconsorcio pasivo necesario. ¿Quién ganará el pleito? Véase la STS del 8/2/2007, RJ 2007/921.

10. Títulos valores

151. El comerciante Pedro LÓPEZ vende a Juan SÁNCHEZ, con domicilio en la calle del Río, 5, Zaragoza, un frigorífico por valor de 3000 € el día 10 de mayo de 2004. Se acuerda aplazar el pago por tres meses, y se emite la pertinente letra de cambio. Teniendo en cuenta que Pedro LÓPEZ mantiene una c. c. en el Banco de la Ribera y que necesita dinero, redáctese la oportuna letra de cambio. ¿Entre quiénes media, y en qué consiste, la provisión de fondos? ¿Y la relación de valor? ¿Era necesario presentar la letra a la aceptación?

152. Manufacturas Textiles SA vende un telar a Juan López por valor de 6000 € el día 7 de mayo de 2004 y acuerdan aplazar el pago hasta el día 15 de octubre del mismo año. Comoquiera que Juan López mantiene también relaciones comerciales con la empresa Hilaturas de Béjar SA, que le adeuda precisamente 6000 € sin vencimiento estipulado, Juan López decide utilizar una letra de cambio para pagar su deuda con Manufacturas Textiles SA utilizando el crédito que posee contra Hilaturas de Béjar SA. Redáctese la oportuna letra de cambio. ¿Cuál es el negocio causal que da lugar a esta letra de cambio y quiénes serían los sujetos? ¿Y los de la relación cambiaria?

153. CHOCOLATES EL DULCE SA, con fábrica en Madrid, carretera de Burgos, km 8, vende a CONFITERÍAS UNIDAS SA, con domicilio social en la Calle Mayor, 32, Madrid, una partida de sus productos por valor de 5000 €, y acuerdan aplazar el pago y girar la correspondiente letra de cambio, a pagar en la sucursal de CHOCOLATES EL DULCE SA situada en Barcelona, Rambla de Cataluña, n.º 76, a los 15 días de su presentación. La operación se efectuó el día 8 de mayo de 2004. Redáctese la oportuna letra de cambio.

154. Pilar SÁNCHEZ, con domicilio en paseo de Fernando el Católico, n.º 63 Zaragoza, ha conseguido del Banco DEL EBRO un préstamo de 1000 € a devolver en un año, con un interés del 5 %, para adquirir su ajuar matrimonial. El Banco DEL EBRO, dado lo poco elevado del capital prestado, prefiere documentar la operación mediante una letra de cambio en lugar de acudir a una póliza intervenida por corredor de comercio. Redáctese la oportuna letra de cambio teniendo en cuenta que el Banco exige que la operación sea garantizada por Braulio PÉREZ, comerciante aragonés de reconocida solvencia y tío de la señorita SÁNCHEZ, y que la letra se abone en su momento en la c. c. que esta última tiene en la Agencia n.º 5 de la citada entidad de crédito. ¿Qué declaración/es cambiaria/s sería posible utilizar para garantizar el efecto en cuestión, y cuáles serían las ventajas e inconvenientes de cada una?

155. Carlos GARCÍA, joven y arriesgado empresario, se encuentra atravesando una caótica situación financiera debida a su falta de liquidez. Para salir de sus apuros económicos necesita 12 000 € por un período no superior a tres meses, plazo en el cual piensa que podrá revender una partida de mercancías que adquirió a precio de auténtica ganga en el Rastro de Zaragoza. Para conseguir dicha cantidad acude a su amigo Inocencio PÉREZ, con domicilio en la calle del Santo Sepulcro, n.º 7, de Zaragoza, para rogarle que acceda a que le gire una letra de cambio, con vencimiento a 90 días, letra que Carlos GARCÍA le asegura que

retirará de la circulación antes de su vencimiento. Inocencio PÉREZ, que siente un gran afecto por su amigo Carlos, consiente en aceptar la citada letra de cambio, la cual se emite y acepta el día 14 de mayo de 2004. El mismo día, Carlos GARCÍA acude a descontar la letra al Banco DE HUESCA. Redáctese la letra con los datos del supuesto. ¿Está obligado el señor PÉREZ a atender la letra a su vencimiento? De ser así, ¿podría oponerse de algún modo al pago?

156. Antonio MARTÍNEZ, administrador único de la empresa Tornillos Aragoneses SA (TOASA), llevando a efecto un acuerdo de la junta general de la sociedad que le permitía adquirir un vehículo automóvil para su uso personal sin sobrepasar los 18 000 €, acude al concesionario de Matías GONZÁLEZ. Antonio MARTÍNEZ se encaprichó del último modelo de la casa Mercedes, un deportivo valorado en 70 000 €. Haciendo caso omiso del acuerdo de la junta general de TOASA, el señor MARTÍNEZ decide adquirir el vehículo. Comprador y vendedor llegan al acuerdo de diferir el pago librando con fecha 20 de abril de 2005 una letra de cambio con vencimiento a seis meses fecha y aceptada por el señor MARTÍNEZ en nombre de la entidad mercantil de la que es administrador. Pocos días más tarde del libramiento, el señor GONZÁLEZ llevó a descontar el efecto a la Caja de Magallón. Rellena la letra. Llegada la fecha del vencimiento de la letra Prudencio RODRÍGUEZ, letrado de la Caja de Magallón y amigo íntimo del señor MARTÍNEZ, le plantea las siguientes cuestiones: llegado el vencimiento de la letra, ¿contra quiénes podría dirigirse para cobrarla? ¿Sería necesario cumplimentar algún tipo de formalidad previa? ¿Qué influencia puede tener en el cobro del efecto el hecho de que, según su amigo MARTÍNEZ, el coche ha tenido que entrar varias veces en talleres de reparaciones y que se encuentra absolutamente enojado por su funcionamiento, hasta tal punto de que incluso ha llegado a decir que no quería saber nada del pago de la letra en tanto en cuanto el vehículo no funcionase definitivamente a su satisfacción? ¿Qué consecuencias podría llegar a tener el hecho de que el señor MARTÍNEZ se hubiese extralimitado en el poder conferido por la sociedad para ese acto en concreto?

157. Rellena las tres letras de cambio que aparecen en este supuesto práctico: Francisco Pérez Martínez, administrador único de Manufacturas del Valle SL, compra el 7/6/04 30 bobinas de hilo de 1000 € cada una. Para el pago, acuerda con Luis Fernández Acebo, vendedor de las bobinas, la emisión de tres letras de cambio con vencimientos a 30, 60 y 90 días, respectivamente, todos ellos plazos desde la vista, con importes idénticos, o sea de 10 000 € cada una. Francisco introduce en las letras a un cliente suyo, Antonio Benítez Alcázar, que le debe justamente 10 000 €. La primera de las letras se descuenta en el Banco Zaragozano. El pago de

la segunda es garantizado por la esposa de Francisco, Edelmira Gómez Bizcarro. Además, en esta segunda letra se ha incluido una cláusula que evita su circulación. La tercera letra, aunque puede ser negociada, no necesita pasar por la notaría para poder ser devuelta en vía de regreso.

158. Talleres López Gállego presenta al cobro una letra aceptada por Antonio C. D. Antonio se niega a pagarla porque mantiene que su acreedor no es Talleres López Gállego, sino la sociedad Stasa, que es la sociedad con la que celebró un contrato de venta a plazos de bienes muebles. En la letra en efecto aparece como librador Stasa, y Antonio argumenta que Stasa ha cedido el crédito sin su consentimiento. ¿Qué dirá el tribunal? Véase la sentencia del 5 de noviembre de 1993, RJ 1993/8610.

159. Una ciudadana española, Carmen Bonilla, contrató con la agencia de viajes de El Corte Inglés un viaje turístico. Para abonar las 500 000 pta del precio estipulado concertó asimismo un contrato de préstamo con El Corte Inglés Sociedad de Financiación SA, préstamo que se instrumentó en una letra de cambio girada a 90 días fecha. Esta sociedad financia en exclusiva y en virtud de acuerdo previo a los clientes de la agencia de El Corte Inglés. Carmen observó una serie de incumplimientos en las obligaciones asumidas por la agencia de viajes, que dieron lugar a que planteara ante la agencia la pertinente reclamación. Al no ser atendidas, dejó de abonar a la sociedad de financiación las cantidades del préstamo pendientes de amortización y ante la falta de pago, la sociedad presentó en los juzgados de Sevilla una demanda contra Carmen reclamando las cantidades dejadas de percibir. En su defensa opuso la demandada el incumplimiento del contrato suscrito con la agencia de viajes. Consúltense los arts. 12 y 15 LCC, y el artículo de BUITRAGO, «Comentario a la sentencia del Tribunal de Justicia de las Comunidades Europeas de 7 de marzo de 1996», publicado en la *Revista Cuadernos de Derecho y Comercio,* n.º 24, diciembre de 1997, pp. 335-373.

160. Cláusulas facultativas. Aquí tienes unas cuantas frases que pueden aparecer escritas sobre una letra de cambio. En primer lugar, tienes que pronunciarte sobre su licitud o corrección, explicando cuáles son las condiciones para poder usarlas, si es que existen, y dónde y cómo se pueden utilizar. Después has de encontrar el artículo de la LCYCH donde se regula esa concreta cláusula, y, por último, has de indicar cuál es el efecto que estas cláusulas producen. Ten cuidado, porque varias significan lo mismo (es decir, he redactado de formas diferentes un mismo objetivo y efecto).
    a.   Sin mi responsabilidad.
    b.   Sin mi responsabilidad (junto al nombre del librador).

c. Sin mi responsabilidad por la aceptación.
d. Sin aceptación.
e. Sin nuevo endoso.
f. Sin gastos.
g. Sin protesto.
h. Cesión de la provisión.
i. Intereses convencionales .
j. Aceptación parcial (acepto 30 000 pta, por ejemplo).
k. Endoso parcial (endoso 40 000 pta, por ejemplo).
l. No a la orden.
m. Aviso del giro.
n. Contra aceptación.
o. Prohibición de la aceptación.
p. Exclusión de la presentación.
q. Pago sin presentación de la letra.
r. Al portador.
s. Para cobranza.
t. Valor al cobro.
u. Por poder.
v. Valor en prenda.
w. Valor en garantía.
x. Por garantía de.
y. Protesto notarial.
z. No truncable.

161. Comenta la sentencia del TC del 22 de julio de 2004, RTC 2004/133.

162. La empresa Canterías Alonso Fernández SL (CAF SL) interpone una demanda contra Andrés, reclamándole el pago de una letra de cambio librada el 16 de diciembre de 2011, con vencimiento el 16 de marzo de 2012, y por importe de 12 000 €. En dicha letra el librador es CAF SL y el librado-aceptante Andrés. Se inicia así un juicio cambiario. Andrés rechaza el pago alegando la excepción de falta de provisión de fondos por no haber tenido relación comercial alguna con CAF SL. Según él, la letra fue emitida «de favor». ¿A quién crees tú que dará la razón el tribunal, y por qué motivo? Para responder, ten en cuenta los siguientes datos: un testigo acredita la realización de los trabajos en la vivienda de Andrés, y que CAF SL suministró la piedra para la obra. Andrés aporta una factura de importe inferior, y dice que firmó la letra en blanco para facilitar el descuento bancario, y que el material fue suministrado por otra empresa. Lee la sentencia de la AP de

Pontevedra, del 12 de mayo de 2014, JUR/2014/217374 y encontrarás la respuesta que dio el tribunal.

Preguntas sobre el caso:

a. Di qué significa la palabra «excepción» en Derecho. Explica el concepto.

b. ¿Puede Andrés oponer alguna excepción a CAF?

c. ¿Sobre quién recae la carga de la prueba y con apoyo en qué artículo?

d. Indica el artículo de la LCYCH con más relevancia en este caso, léelo.

e. ¿Qué significa «letra de favor»? ¿Qué quiere decir Andrés con eso?

f. ¿Qué es una letra en blanco?

g. ¿Tiene alguna relevancia en el caso la falta de coincidencia absoluta entre el importe de la letra y las facturas?

h. ¿Qué significa que la letra es un título que lleva aparejada ejecución?

i. ¿Dónde se regula el juicio cambiario? ¿Por qué es especial?

11. Derecho concursal

163. Zucami SL era una empresa que comercializaba jaulas para gallinas ponedoras, con sus correspondientes accesorios y maquinaria. El 22 de octubre de 2013 presentó solicitud de concurso voluntario ante el Juzgado Mercantil n.º 1 de Pamplona, y el 7 de enero de 2014 el juez del concurso acordó la venta de la unidad productiva de la concursada a la única empresa que había presentado una oferta: la empresa alemana Gesmin Center SL. Gesmin Center SL era una sociedad de la compañía alemana AB Agrartechnische Handelsgesellschaft GmbH que se utilizó para comprar en el concurso la unidad productiva de Zucami SL. Una vez conseguido el objetivo, se cambió su denominación por la de Zucami Poultry Equipment SLU, para dar sensación de continuidad de la empresa y mantener su mercado.

La oferta de compra se limitó únicamente a:

— Una serie de derechos de propiedad industrial (marcas, nombre comercial, patentes y diseños industriales).

— La cartera de clientes y fondo de comercio de Zucami.

— Una serie de activos del inmovilizado (maquinaria, vehículos, edificaciones, etc.) y existencias que se listan en el inventario de la oferta.

Por otra parte, la oferta de compra se condicionaba a diversos factores, entre ellos:

— La continuidad de los gerentes de la concursada Zucami durante un mínimo de dos años a fin de asesorar a la compañía.

— La no asunción por el oferente de deudas de la empresa con terceros, incluyendo a Seguridad Social, Hacienda o deudas o indemnizaciones pendientes de los trabajadores.

— La asunción limitada por el oferente de la plantilla de Zucami: solo estaba garantizada la contratación de 55 trabajadores. No se asumía la antigüedad que los trabajadores contratados tuvieran en Zucami SL en liquidación. Solo garantizaba el mantenimiento de los salarios inferiores a 30 000 € brutos anuales, ya que las condiciones salariales de los empleados con salarios superiores deberían fijarse según los precios de mercado a partir de las entrevistas de selección que se realizasen.

A partir de ese momento Zucami Poultry Equipment SLU continuó con la actividad de Zucami SL en liquidación, que es la fabricación y comercialización de jaulas de aves.

Cuando Zucami SL en liquidación presentó la solicitud de concurso contaba en su plantilla con los siguientes trabajadores: Eduardo, responsable de compras, Cándido, responsable de montajes, Emiliano y Epifanio, técnicos de desarrollo de producto. Dos de ellos, Cándido y Emiliano, fueron despedidos por la empresa antes de la compra de la unidad productiva, pero Eduardo y Epifanio, aunque negociaron su continuidad en la nueva compañía, no llegaron a un acuerdo con Zucami, por lo que también fueron despedidos el 9 de enero de 2014.

Eduardo, Cándido, Emiliano y Epifanio desarrollaron una jaula para aves y, una vez diseñada, decidieron patentar su invento y presentaron una solicitud de patente ante la OEPM el 31 de julio de 2014, publicada con el número ES 2529558, que lleva por título *Sistema modular para el alojamiento y cría de aves*. La patente fue inicialmente concedida por la OEPM y, aunque posteriormente fue declarada nula por sentencia del Juzgado n.º 1 de lo Mercantil de Pamplona del 17 de febrero de 2017, por falta de actividad inventiva, dicha sentencia ha sido revocada por la SAP de Pamplona del 4 de febrero de 2019 que no es firme, al haber presentado la actora recurso de casación que aún no ha sido admitido. La mencionada patente está, actualmente y desde que fue concedida por la OEMP, en vigor.

Entre mayo y abril de 2014, Eduardo, Cándido, Emiliano y Epifanio se pusieron en contacto con Agropecuaria Girona SL (en adelante, Agrogi) para comercializar la jaula de aves que habían desarrollado. En un principio, las jaulas se comercializaron con la marca Agrogi. Agrogi es una sociedad ubicada en La Cellera de Ter (Girona) y constituida en el año 1998, cuya actividad tradicional es el diseño y la construcción llave en mano de proyectos agropecuarios y agroalimentarios (naves avícolas y porcinas, fábricas de pienso, cámaras de frío, mataderos y centros agroalimentarios, etc.) adaptados a las necesidades del cliente. Es titular y desarrolla su actividad a través de su marca registrada Agrogi.

Los cuatro extrabajadores de Zucami SL constituyeron el 24/10/2014 una sociedad llamada Dinatec SL y, una vez constituida, constituyeron una nueva empresa, Nagitec SL, participada al 50 % por Agrogi y al 50 % por Dinatec SL. El objetivo era que las jaulas de aves fueran comercializadas por Nagitec, bajo la marca Desait(r), dejando Agrogi de distribuirlas.

En enero de 2015, Zucami Poultry Equipment SLU presentó una demanda contra Agrogi en el Juzgado de lo Mercantil de Girona, en la que afirma:

— Ser una empresa de reconocido prestigio en el sector avícola y utilizar en sus productos un color verde característico, que no utiliza ningún otro fabricante, no solo en España sino en el mundo.

— Que la demandada Agrogi ha fabricado y comercializado jaulas para aves de color verde que imitan las fabricadas por ella, utilizando los planos de los diferentes modelos de jaulas de Zucami, puestos ilícitamente su disposición por extrabajadores de Zucami (Eduardo, Cándido, Emiliano y Epifanio) cuyas piezas son intercambiables con las de Zucami.

— Que los hechos que relata constituyen actos de competencia desleal previstos en los arts. 4 (cláusula general), 6 (actos de confusión), 11.2 (actos de imitación) y 12 (explotación de la reputación ajena) de la LCD.

Solicita la declaración de deslealtad de los actos descritos y la condena a la demandada a cesar y abstenerse en el futuro de reiterarlos, a retirar del tráfico económico el producto y destruirlo a su costa, así como la indemnización de los daños y perjuicios causados. Véase la SAP de Girona del 27 de julio de 2020.

164. Sobre la exoneración del pasivo insatisfecho

La STJUE de 7 de noviembre de 2024 ha resuelto de manera acumulada dos cuestiones prejudiciales suscitadas por dos jueces españoles:

Primera cuestión: El 7 de julio de 2022, A (una persona física) solicitó concurso de acreedores y comunicó unas deudas por valor de 537 787,69 euros. Solicita la EPI. La AEAT se opone a la exoneración basándose en la existencia de diversos créditos de derecho público, 114 408,09 euros por deudas y sanciones tributarias a cargo de la sociedad de la que el deudor era administrador, dentro de los diez años anteriores. En consecuencia, A no es un deudor de buena fe.

Segunda cuestión: S.E.I, persona física insolvente, tras la liquidación íntegra de su patrimonio, incluida su vivienda por un concurso, solicitó el 18 de octubre de 2022, la EPI. Había dejado de ser empresario en el momento de iniciarse el concurso. La AEAT se opuso entendiendo que no se le podía considerar deudor de buena fe por haber sido sancionado con una multa de 504,99 euros por infracciones tributarias graves que no se había satisfecho en el momento de la solicitud de exoneración, dentro de los diez años anteriores.

El juez de Alicante pregunta: ¿Puede el legislador nacional establecer mayores restricciones al acceso a la exoneración que las previstas en el artículo 23.2 de la Directiva? Puesto que el art. 487 LC impide acceder a la exoneración si se tienen sanciones tributarias pendientes.

El juez de Barcelona pregunta: La exoneración de la LC española se aplica a empresarios y a no empresarios por igual, ¿Lo permite la Directiva? ¿Una interpretación conforme al art. 23 de la Directiva implica dejar de aplicar un precepto como el art. 487.1.2 LC cuando se observe que la infracción tributaria muy grave responde a un comportamiento del deudor que no es deshonesto ni de mala fe?

TJUE responde:

La Directiva no se opone a la normativa nacional que imponga el pago de los créditos públicos para poder acogerse a la exoneración, siempre que esa obligación esté debidamente justificada. Ni tampoco a una normativa nacional que excluya el acceso a la exoneración en circunstancias bien definidas en las que el deudor no haya actuado de forma deshonesta o de mala fe.

Cuando un legislador nacional permita la exoneración a las personas físicas insolventes que no sean empresarios, las normas aplicables deben ajustarse a las disposiciones del título III de la citada Directiva.

La Directiva no se opone a una normativa nacional que imponga el pago de los créditos públicos para poder acogerse a la exoneración de deudas, o excluya el acceso a la exoneración cuando el deudor haya tenido un comportamiento negligente o imprudente, sin haber actuado, no obstante, de forma deshonesta o de mala fe, o excluya el acceso a la exoneración cuando, en los diez años anteriores a la solicitud el deudor haya sido sancionado por infracciones tributarias muy graves, siempre que dichas excepciones estén debidamente justificadas con arreglo al Derecho nacional.

La Directiva no se opone a una normativa nacional que excluya la exoneración de deudas por créditos de Derecho público basándose en que la satisfacción de estos créditos tiene una especial relevancia para una sociedad justa y solidaria, asentada en el Estado de Derecho.

Tercera parte: posibles preguntas

El Derecho: concepto y fuentes

1. ¿Qué es el Derecho?
2. ¿Qué significa la división de poderes?
3. ¿Cómo se estructura el Derecho? Menciona sus principales ramas.
4. ¿En qué se diferencian las normas jurídicas de otro tipo de normas?
5. ¿Qué estructura tienen las normas jurídicas?
6. ¿En qué se diferencian las normas imperativas de las dispositivas?
7. ¿Qué son las fuentes del Derecho? ¿Por qué son importantes?
8. ¿Dónde se recogen las fuentes del OJ español?
9. ¿Cuáles son las fuentes del Derecho? Explica cada una de ellas.
10. ¿Qué supone el principio de jerarquía normativa?
11. ¿Qué significa ley en sentido amplio?
12. ¿Qué significa ley en sentido estricto?
13. ¿Qué tipos de leyes existen y dónde se regulan?
14. ¿Qué es una ley orgánica?
15. ¿Qué es un decreto legislativo?
16. ¿Qué es un decreto Ley?
17. ¿Qué es una ley de bases?
18. ¿Qué es un texto refundido?
19. ¿Qué es un reglamento?
20. ¿Qué características tiene un reglamento?
21. ¿Pueden hacer leyes en sentido estricto las CCAA? ¿Según qué principios? ¿Qué normas son las fundamentales en este sentido?
22. ¿Desde cuándo existen CCAA? ¿Qué norma las crea?
23. ¿Todas accedieron a la autonomía por la misma vía? ¿Tienen todas las mismas competencias? ¿Por qué?
24. ¿Cuándo se creó la UE? ¿Cuál fue el proceso?
25. ¿Desde cuándo forma parte España de la UE?
26. ¿Cuáles son las principales instituciones de la UE?
27. ¿Qué tipo de normas se aprueban en la UE, cómo se llaman y cuál es su eficacia?
28. ¿Cuál es el sistema económico que ampara o permite la CE? ¿Qué artículos son relevantes en este sentido?
29. Menciona alguna rama del Derecho público.
30. Menciona alguna rama del Derecho privado.
31. ¿En qué se diferencian Derecho público y Derecho privado?

32. ¿Cuáles son los órdenes de la jurisdicción española?
33. ¿Qué es el Derecho civil?
34. ¿Qué es el Derecho civil foral?
35. ¿Hay Derecho foral en Aragón? ¿En qué norma se recoge actualmente?
36. Explica el devenir histórico de los derechos forales en España.
37. ¿Cuáles son los artículos de la CE que recogen las bases del sistema económico?

Derecho subjetivo y derechos reales

38. ¿Cómo definirías el derecho subjetivo?
39. Explica la estructura del derecho subjetivo.
40. ¿Cuál es el contenido del derecho subjetivo?
41. Explica las principales clases de derechos subjetivos.
42. ¿Qué son los derechos reales? ¿En qué se diferencian de los derechos personales o de crédito?
43. ¿Qué es la capacidad jurídica?
44. ¿Cuáles son los requisitos para que una persona física adquiera capacidad jurídica?
45. ¿Qué tipos de personas contempla el Derecho?
46. ¿Qué relación existe entre el concepto de *persona* y el de *patrimonio* en nuestro OJ?
47. ¿Qué es la personalidad jurídica? ¿Para qué sirve?
48. ¿Qué es la capacidad de obrar?
49. ¿Cuáles son los requisitos para que una persona física adquiera capacidad de obrar?
50. ¿Cuáles son los requisitos para que una persona jurídica adquiera capacidad?
51. ¿Existe alguna especialidad en Aragón en relación con la minoría de edad?
52. Explica los distintos tipos de personas jurídicas.
53. ¿Qué supone el mecanismo de la representación? ¿Se admite en nuestro OJ?
54. Explica los tipos de representación.
55. Explica los distintos tipos de derechos reales.
56. ¿Qué es y qué función cumple el RP? Explica su funcionamiento y su importancia.
57. ¿Qué artículos de qué normas regulan el derecho de propiedad en España?
58. ¿Qué facultades comprende el derecho de propiedad?
59. ¿Qué significa la función social de la propiedad?
60. Explica los distintos tipos de derechos reales limitados.

Teoría general de obligaciones y contratos

61. ¿Cómo define la obligación el CC?
62. ¿Qué es una obligación en sentido estricto, desde el punto de vista jurídico?
63. Pon ejemplos de obligaciones de otro tipo, que no son en sentido estricto obligaciones.
64. ¿Cuáles son las fuentes de las obligaciones?
65. ¿Qué relación existe entre obligaciones y contratos?
66. ¿Por qué se explican primero las obligaciones y después los contratos?
67. ¿Qué significa que una obligación es mancomunada?
68. ¿Qué significa que una obligación es solidaria?
69. ¿Cuál es la regla general, solidaridad o mancomunidad, en qué artículo se regula?
70. ¿Cuál es el modo normal o habitual de extinción de las obligaciones? Recoge los artículos del CC que lo regulan.
71. ¿Qué posibilidades de incumplimiento de la obligación existen?
72. Explica cuándo tiene responsabilidad por el incumplimiento el deudor.
73. ¿Qué es la mora?
74. ¿Qué consecuencias tiene la mora?
75. ¿Cuáles son las consecuencias del incumplimiento de la obligación?
76. Explica cómo funciona el art. 1124 CC.
77. Explica qué significa el principio de responsabilidad patrimonial universal y dónde se regula.
78. Recoge las medidas de protección contra el fraude con las que el CC pretende hacer eficaz la responsabilidad universal del deudor. Apunta los artículos relevantes.
79. ¿Qué es un contrato en sentido estricto?
80. ¿Qué significa el principio de la autonomía de la voluntad y en qué artículo se recoge?
81. ¿Por qué es tan importante el principio de autonomía de la voluntad?
82. ¿Qué significa el principio de consensualidad o libertad de forma en nuestro sistema? ¿Dónde se regula?
83. ¿Cuáles son los efectos de los contratos?
84. Explica la teoría del título y el modo. ¿Para qué sirve, qué importancia tiene en la práctica?
85. ¿Es aplicable en todos los países la teoría del título y el modo?
86. Explica cómo funciona la representación en derecho, y los tipos de representación.
87. ¿Cuáles son los elementos esenciales del contrato? ¿Qué supone que lo sean?
88. ¿Cuáles son los vicios del consentimiento? ¿Qué consecuencias tienen?

89. Explica cuáles son las fases de la vida de un contrato.
90. ¿Por qué se caracteriza la fase de formación? ¿Qué hay que tener en cuenta en esta fase? Menciona toda la legislación aplicable.
91. ¿Qué es la perfección de un contrato? ¿Por qué es importante determinar con precisión el momento en el que se perfecciona un contrato?
92. ¿Cuándo se produce la perfección de un contrato? ¿Hay alguna especialidad en contratación electrónica?
93. Recoge todos los principios y las consideraciones que hay que tener en cuenta en la fase de ejecución de un contrato. ¿Qué significa la consumación o ejecución de un contrato?
94. ¿Cuáles son las causas de la nulidad absoluta de un contrato? ¿Y sus efectos? ¿Cuándo prescribe la acción para reclamarla?
95. ¿Cuáles son las causas de la anulabilidad de un contrato? ¿Y sus efectos? ¿Cuándo prescribe la acción para reclamarla?
96. ¿Qué es un contrato de adhesión?
97. ¿Cuál es la legislación aplicable a los contratos de adhesión?
98. ¿Se admiten los contratos electrónicos en nuestro OJ? ¿Desde cuándo?
99. Di cuál es la legislación aplicable a la contratación electrónica.

Especialidades mercantiles de la teoría general de obligaciones y contratos

100. ¿Por qué existe en España una doble regulación de muchos contratos? ¿Cuáles son los posibles criterios que determinan su mercantilidad? ¿Qué criterio sigue el Ccom español vigente?
101. ¿Cuáles son las especialidades mercantiles de la teoría general de obligaciones? Menciona en qué artículos del Ccom se recogen y si tienen gran aplicación. ¿Qué leyes posteriores les han afectado?
102. ¿Cuál es el valor de un contrato celebrado electrónicamente? ¿De qué depende su fuerza frente a un tribunal? Menciona cuál es la regulación actual de la firma electrónica en España.
103. Explica cuál es el objeto de la Ley de condiciones generales de la contratación. ¿Qué regula? ¿Cuál es su finalidad?
104. ¿Qué ley recoge las cláusulas abusivas en la contratación?
105. Menciona dos ejemplos de convenios internacionales que hayan unificado el DM.

Compraventa y afines

106. Enumera todas las modalidades de compraventa que conozcas y di en qué norma se regulan.
107. Compara la regulación actual de la compraventa en el Código de comercio con la propuesta en el Anteproyecto de Código mercantil.
108. ¿Cuáles son los requisitos de mercantilidad de la compraventa? Explica qué importancia tienen.
109. ¿Cuál es el contenido del contrato de compraventa? Explica detalladamente todas las obligaciones de las partes.
110. Explica cuándo se produce la transmisión del riesgo en el contrato de compraventa. Si se pierde la cosa debida, ¿quién la pierde?
111. ¿Dónde se regulan las compraventas especiales según el momento de la emisión del consentimiento? ¿Cuáles son?
112. ¿Qué tipo de ventas regula la ley de venta a plazos de bienes muebles?
113. ¿Qué norma se aplica a las ventas realizadas a través de internet?
114. ¿Qué tipo de actividades regula la ley de ordenación del comercio minorista?

Gestión de negocios ajenos y distribución

115. Define el contrato de comisión. ¿Es un contrato típico o atípico? ¿En qué sectores se utiliza actualmente?
116. ¿Dónde está regulado y cuáles cuándo es mercantil?
117. Explica las formas de actuación del comisionista frente a terceros, di dónde se regulan y de qué manera.
118. ¿Cuál es el contenido del contrato de comisión? Explica las obligaciones de las partes.
119. Define el contrato de mediación o corretaje. ¿Es un contrato típico o atípico? ¿En qué sectores se utiliza?
120. ¿En qué se diferencia el contrato de corretaje del de comisión?
121. ¿En qué se diferencia el contrato de corretaje del de agencia?
122. Explica las notas características del contrato de mediación o corretaje.
123. ¿Cuál es el contenido del contrato de mediación o corretaje? Explica las obligaciones de las partes.
124. Explica todas las modalidades de distribución que conozcas, tanto directa como indirecta.
125. Define el contrato de agencia, recoge sus notas características, y di dónde se regula. ¿Es un contrato típico o atípico?
126. ¿Cuáles son las ventajas e inconvenientes del contrato de agencia?

127. ¿Cuál es el contenido del contrato de agencia? Explica las obligaciones de las partes.
128. ¿Qué modalidades retributivas permite la LCA? Anota los artículos correspondientes.
129. ¿Permite la LCA cláusulas de exclusiva? ¿Qué problemas pueden plantear estas cláusulas?
130. Explica cuáles son las consecuencias patrimoniales que pueden aparecer en el momento de la extinción del contrato de agencia.
131. Da un concepto y explica la función que cumple el contrato de concesión mercantil o distribución en exclusiva. ¿Es un contrato típico o atípico?
132. ¿Cuáles son las notas características del contrato de concesión? ¿Cuál es su naturaleza jurídica?
133. ¿Cuál es el contenido del contrato de distribución en exclusiva o concesión mercantil? Explica las obligaciones de las partes.
134. Explica qué tipo de contrato de distribución es habitual es sectores como la perfumería.
135. Define la franquicia. ¿En qué consiste normalmente? ¿Es un contrato típico o atípico?
136. ¿Dónde se regula el contrato de franquicia?
137. ¿Cuál es el contenido del contrato de franquicia? Explica las obligaciones de las partes.
138. ¿Qué problemas pueden plantear las cláusulas de exclusiva que aparecen habitualmente en los contratos de distribución? ¿Qué normativa hay que tener en cuenta al respecto?

Contratos bancarios

139. ¿Qué son los contratos bancarios y cuál es su regulación actual?
140. ¿Qué son las operaciones pasivas de las entidades bancarias? Explica sus tipos.
141. ¿Qué son las operaciones activas de las entidades bancarias? Explica sus tipos.
142. ¿Qué son las operaciones de mediación de las entidades bancarias? Explica sus tipos.

Transporte

143. Del transporte de mercancías por carretera:
144. ¿Cuáles son los elementos personales? Define cada uno de ellos y menciona cuáles son sus obligaciones y los artículos de la LCTTM relevantes.

145. ¿Cuáles son los elementos formales en el contrato de transporte? No olvides citar la normativa aplicable.
146. Explica el contenido del contrato: enumera todas las obligaciones y derechos de las partes.
147. Explica el sistema de responsabilidad del porteador diseñado en la LCTTM. Todos los supuestos de responsabilidad, las causas de exoneración y los artículos aplicables.
148. ¿Por qué se establecen límites cuantitativos a las indemnizaciones en la LCTTM (por ejemplo, en el art. 57)? ¿No sería mejor que se indemnizasen siempre todos los daños, cualquier cuantía?
149. Del transporte internacional
150. ¿Cuál es la normativa aplicable? ¿Cuál es su ámbito de aplicación?
151. ¿Cómo se documenta el contrato de transporte internacional?
152. Explica el contenido del contrato: enumera todas las obligaciones y derechos de las partes.
153. Explica el sistema de responsabilidad del porteador diseñado en el CMR. Todos los supuestos de responsabilidad, las causas de exoneración y los artículos aplicables.

Seguro

154. ¿Cuál es la base económica sobre la que se asienta la actividad aseguradora?
155. ¿Qué supuso la aprobación de la Ley de Contrato de Seguro en 1980?
156. ¿Cuál es el concepto básico en el contrato de seguro?
157. ¿Qué clases de seguros contempla la LCS?
158. Define el seguro, y explica la concepción unitaria o no unitaria del mismo.
159. ¿Cuáles son los caracteres del seguro?
160. ¿Cuáles son los elementos personales de un contrato de seguro?
161. Explica quién es el asegurador, qué tipos de aseguradoras hay y cuáles son sus características principales.
162. Explica quiénes son los mediadores del seguro, y sus distintas clases.
163. Explica los diferentes sujetos que pueden aparecer en la posición de asegurado.
164. ¿Qué artículo de la LCS recoge el contenido de la póliza?
165. ¿Qué artículo de la LCS explica cómo ha de redactarse la póliza?
166. ¿Qué es la prima y qué características tiene?
167. ¿Qué es el riesgo en el contrato de seguro? ¿Puede haber un seguro sin riesgo? Cita los artículos relevantes.
168. ¿Qué es el principio de especialidad del riesgo?
169. ¿Qué importancia tiene la correcta descripción del riesgo en el contrato? ¿Cómo se consigue?

170. ¿En qué se concreta el deber de declaración del tomador del seguro?
171. ¿Qué consecuencias tiene una delimitación errónea del riesgo? Cita los artículos relevantes.
172. ¿Cuáles son las características de los seguros de daños? ¿Cuáles son los principios que limitan la garantía del asegurador?
173. Explica cómo funciona la regla proporcional y en qué artículo se regula.
174. ¿Qué es una póliza valorada o estimada?
175. ¿Pueden contratarse varios seguros sobre el mismo interés y riesgo? Explica cuáles son las posibilidades y la legislación aplicable.
176. ¿Cuál es el contenido del contrato de seguro? Explica las obligaciones de las partes.

Origen y evolución histórica del Derecho mercantil

177. ¿Por qué el concepto y contenido del DM son una cuestión debatida?
178. ¿Cómo lo entienden los autores que niegan su autonomía?
179. ¿Qué datos apoyan la independencia o autonomía del DM en España?
180. ¿Cómo se ha de entender en la actualidad la división de DM y derecho civil?
181. ¿Qué significa afirmar que el DM es un derecho especial?
182. ¿Qué significa que el DM es una categoría histórica?
183. ¿Existió el DM en Roma?
184. ¿Existió el DM en la Alta Edad Media?
185. ¿Cuándo nace el DM, dónde y en qué contexto? ¿Por qué nace el DM?
186. ¿Cuáles son los caracteres del DM medieval?
187. ¿Qué transformaciones sufre el DM en la Edad Moderna?
188. ¿Qué es la codificación? ¿Cuándo se produce? ¿Por qué se produce?
189. ¿Dónde, en qué contexto e impulsada por qué el pensamiento se produjo la codificación?
190. ¿Cuándo se produjo la codificación en España? ¿Qué influencias recibió?
191. ¿Qué es la descodificación?
192. ¿Qué características tiene el DM contemporáneo?
193. ¿Cuáles son las tendencias del DM actual?
194. Menciona organismos internacionales que tengan o hayan tenido impacto en la unificación internacional del DM.
195. ¿Qué es la unificación del D privado? ¿Se ha producido en España? ¿Se prevé a corto plazo?
196. Explica qué supone que el OJ español pertenece a los sistemas dualistas.
197. Explica qué supondría la aprobación del Anteproyecto de Código Mercantil de 2014, y cuáles son los problemas que han impedido que salga adelante.

198. Da un concepto de DM y enumera su contenido principal.
199. ¿Cuáles son las fuentes del DM? ¿Qué artículo las recoge? ¿Son las mismas que recoge el art. 1 CC? ¿Por qué se regulan dos veces, una en el CC, otra en el Ccom?
200. Explica el sistema de distribución competencial de la CE.
201. ¿Qué supuso la entrada de España en la UE para el DM?
202. ¿Qué son los usos o costumbre mercantil?
203. ¿Cuándo se crearon los tribunales de lo mercantil? ¿Son competentes para todos los litigios mercantiles?

Empresario y colaboradores

204. Define al empresario desde un punto de vista jurídico.
205. Explica el sentido del art. 1911 CC.
206. Diferencia empresario de empresa.
207. ¿Se refiere el Ccom al empresario? ¿Cómo habría que entender su terminología?
208. Explica la evolución del concepto de *empresario*.
209. ¿Qué importancia tiene que una persona sea calificada como empresario?
210. ¿Son *empresario* los profesionales liberales? Explica qué leyes les afectan por disposición empresa y qué tipos de sociedades pueden crear.
211. Diferencia el empresario individual del empresario social. ¿Qué es un emprendedor de responsabilidad limitada?
212. ¿Tiene importancia la dimensión de la empresa en cuanto al régimen jurídico aplicable a la misma? Explica en qué medida.
213. ¿Puede el Estado participar en economía? Apunta los artículos de la CE que lo prevén.
214. ¿Qué es y por qué se ha introducido en la LC la exoneración del pasivo insatisfecho?
215. Enumera los requisitos o las características del concepto de *empresario individual*. ¿En qué artículos del Ccom se explican?
216. Di qué son las prohibiciones y las incompatibilidades para ser empresario. ¿Dónde se regulan? ¿Cuáles son las principales? ¿Qué finalidad tienen? ¿Qué consecuencias tiene su vulneración?
217. Explica el sistema de responsabilidad del empresario. ¿Cómo responde un empresario (individual o social) del cumplimiento de sus deudas?
218. ¿Dónde tiene su origen y qué artículos regulan la responsabilidad contractual?
219. ¿Dónde tiene su origen y qué artículos regulan la responsabilidad extracontractual o aquiliana?
220. ¿Qué es y dónde tiene su origen la responsabilidad objetiva?

221. ¿Son acumulables las normas que regulan la responsabilidad o es preciso elegir una sola vía?
222. Explica el sistema de responsabilidad que establece la LGDCYU. Di en qué categorías se divide y cuáles son los artículos que la regulan.
223. ¿Con qué tipos de colaboradores cuenta el empresario? Recoge las modalidades del Ccom.
224. ¿Cómo se llama el apoderado principal de un establecimiento?
225. ¿Qué tipo de contrato lo vincula con el empresario principal?
226. ¿Cuál es el ámbito de su poder de representación? Apunta los artículos del Ccom que regulan esta cuestión, y explica lo que suponen aplicados en la práctica.
227. ¿Cómo se llaman los apoderados singulares del empresario? ¿Dónde se regulan? ¿Cuál es su poder de representación?
228. ¿Qué son los colaboradores independientes del empresario?

Contabilidad y RM

229. ¿Cuáles son las obligaciones contables del empresario?
230. ¿Por qué se obliga al empresario a llevar una contabilidad ordenada adecuada a la empresa? ¿Cuál es la razón de ser de esta obligación y dónde se establece?
231. ¿Por qué se obliga al empresario a legalizar sus libros contables en el RM? ¿Cuál es la razón de ser de esta obligación y dónde se establece?
232. ¿Por qué se obliga a algunos empresarios a depositar sus cuentas anuales en el RM? ¿Cuál es la razón de ser de esta obligación y dónde se establece? ¿Qué empresarios se ven afectados por ella?
233. ¿Por qué se obliga a algunos empresarios a auditar las cuentas anuales cada año? ¿Cuál es la razón de ser de esta obligación y dónde se establece? ¿Qué empresarios se ven afectados por ella?
234. ¿Qué es el RM?
235. ¿Cómo se organiza?
236. ¿Dónde está regulado?
237. ¿Cuáles son sus funciones?
238. Explica el proceso de inscripción registral.
239. ¿Qué es la calificación del registrador?
240. Enumera los principios registrales.
241. ¿Cómo se lleva a cabo la publicidad formal?
242. ¿Cómo se lleva a cabo la publicidad material?

Derecho de la competencia y propiedad industrial

243. Explica cuál es el hilo conductor, el nexo que une las cuatro partes del tema: defensa de la competencia, competencia desleal, marcas y patentes.
244. ¿Qué leyes regulan el fenómeno de la competencia en España?
245. ¿Qué finalidad tiene la LDC? ¿Cuál es su objetivo?
246. ¿Qué finalidad tiene la LCD? ¿Cuál es su objetivo?
247. ¿Qué relación tienen las marcas con la competencia?
248. ¿Qué relación tienen las patentes con la competencia?
249. ¿Por qué está formada la llamada propiedad industrial? Haz un esquema con todas sus modalidades y con las leyes correspondientes.
250. ¿Cuál es el origen de la LDC?
251. ¿Cuál es la norma en materia de defensa de la competencia que se aplica en la UE?
252. ¿Qué autoridades son las que aplican la LDC? Explica el marco institucional.
253. ¿Qué tipos de conductas prohíbe la LDC? Explica cuáles son y los artículos correspondientes.
254. ¿Qué tipos de conductas inicialmente prohibidas y en virtud de qué artículos pueden verse amparadas por las excepciones de la LDC?
255. ¿Qué es el abuso de la posición de dominio en el mercado?
256. Explica cuál es el ámbito de aplicación objetivo y subjetivo de la LCD (Es decir, qué requisitos debe reunir una conducta para verse sometida a su ámbito de aplicación, y a qué sujetos afecta). Menciona todos los artículos relevantes.
257. ¿Cuál es la estructura de la LCD?
258. ¿Qué tipo de actos regula la LCD? Clasifícalos según el interés que protegen.
259. ¿Cómo funciona la cláusula general de cierre del art. 4 LCD?
260. ¿Son desleales los actos de imitación de iniciativas empresariales ajenas? Explica los artículos aplicables.
261. ¿Es desleal la publicidad comparativa? Explica los artículos aplicables.
262. ¿Es desleal la venta a pérdida?
263. Enumera las acciones que pueden ejercitarse contra los actos de competencia desleal.
264. ¿Qué son las marcas? ¿Dónde se regulan?
265. ¿Cuáles son los requisitos fundamentales que debe reunir un signo para poder ser registrado como marca?
266. ¿Qué tipo de signos pueden constituir una marca? Recoge el artículo de la LM que lo explica.
267. ¿Qué tipo de signos no pueden constituir una marca? Recoge los artículos de la LM que lo explican.
268. ¿Cuál es la función de la marca?

269. Explica el principio de especialidad de la marca.
270. ¿Dónde se registran las marcas?
271. ¿Cuál es el contenido del derecho de marca? Explícalo desde su vertiente positiva y desde su vertiente negativa.
272. ¿Qué es el agotamiento del derecho de marca?
273. ¿Cuál es la duración de una marca? ¿Es renovable? ¿Existe algún requisito para su renovación?
274. ¿Es obligatorio para el empresario registrar su marca?
275. ¿Es obligatorio para el empresario usar la marca que ha registrado? Explica las consecuencias de la falta de uso.
276. ¿Se puede vender o transmitir de algún modo una marca?
277. Explica qué es una licencia de marca y sus modalidades.
278. ¿Qué es el nombre comercial? ¿Dónde se registra? ¿Qué regulación se le aplica?
279. ¿Qué es el rótulo de establecimiento? ¿Dónde se registra? ¿Qué regulación se le aplica?
280. ¿Qué es una patente? ¿Dónde se regula? ¿Cuál es su finalidad?
281. Explica los requisitos de patentabilidad, con todos los artículos correspondientes.
282. ¿Qué es el principio de prioridad unionista? ¿Dónde se regula?
283. ¿Cuál es el contenido del derecho de patente?
284. ¿Cuáles son las acciones que la LP pone a disposición del titular de una patente para proteger su derecho? Recoge todos los artículos de la LP relevantes.
285. ¿Es obligatorio para el empresario registrar una patente para su invención? ¿Qué sucede si no lo hace? ¿Cómo se suele denominar este supuesto?
286. ¿Es obligatorio para el empresario fabricar el objeto de la patente que ha registrado? Explica qué sucede si no lo hace.
287. ¿Se puede vender o transmitir de algún modo una patente?
288. Explica qué es una licencia de patente y sus modalidades.
289. Explica las similitudes y diferencias entre patentes y marcas.

Teoría general de sociedades

290. ¿De qué tipos sociales se ocupaba el Ccom vigente en su redacción originaria de 1885? ¿Cuáles fueron sus antecedentes?
291. Explica cuál ha sido la evolución que ha sufrido el Derecho de sociedades en el siglo XX.
292. ¿Cuáles son los motivos que en la actualidad impulsan la constitución de sociedades?

293. ¿Cuál es el origen de una sociedad?
294. Explica el concepto tradicional de sociedad y sus notas características, y recoge los artículos que lo contienen.
295. Explica el concepto amplio de sociedad, cuál es su característica principal y qué finalidad persigue.
296. ¿Cuáles son los efectos del contrato de sociedad?
297. ¿Por qué es importante la distinción entre sociedades civiles y mercantiles?
298. ¿Cuál es actualmente el criterio de distinción entre sociedades civiles y mercantiles?
299. ¿Cuáles son los tipos de sociedades mercantiles que se admiten en nuestro OJ? Apunta el artículo donde aparecen.
300. ¿Cuáles son las sociedades personalistas? ¿Por qué se denominan así?
301. Recoge las características principales de las sociedades personalistas.
302. ¿Qué tipos de sociedades de capital existen en España? ¿Por qué se denominan así?
303. ¿Se admite en España la constitución de sociedades atípicas, es decir, fuera de las expresamente admitidas por el Ccom?
304. ¿Qué son las sociedades especiales? Pon todos los ejemplos que conozcas.
305. ¿Qué es la polivalencia funcional de un tipo social?
306. ¿Cuáles son las formalidades de constitución de una sociedad mercantil?
307. ¿Cuándo adquiere una sociedad personalidad jurídica?
308. ¿Qué consecuencias tiene el reconocimiento de la personalidad jurídica de las sociedades?
309. ¿Funciona siempre la personalidad jurídica?
310. Explica qué supone el levantamiento del velo de la personalidad jurídica.
311. ¿Cuándo sucede? Recoge los grupos de casos de levantamiento del velo, pon ejemplos concretos.
312. Anota los artículos en que se apoya la doctrina del levantamiento del velo. ¿Qué significa su carácter jurisprudencial?
313. ¿Cuándo tiene una sociedad nacionalidad española? Cita los artículos relevantes.
314. Explica los distintos sistemas de atribución de nacionalidad que existen en Europa. ¿Cuál prevalece en la UE?
315. ¿En qué se diferencia una sociedad de una asociación?
316. ¿En qué se diferencia una sociedad de una comunidad de bienes?
317. ¿En qué se diferencia una sociedad de una cooperativa?
318. ¿En qué se diferencian las sociedades personalistas de las capitalistas?
319. ¿Qué es una sociedad en formación? ¿Dónde y cómo está regulada?
320. ¿Qué es una sociedad irregular? ¿Dónde y cómo está regulada?
321. ¿Cuál es el número de socios mínimo en una SA? ¿Y en una SL?

322. ¿Qué es una sociedad unipersonal? ¿Dónde y cómo se regula?
323. ¿Qué es un grupo de sociedades? ¿Dónde y cómo se regula?

Sociedades de capital

324. ¿Cuáles son los tipos de sociedades de capital en España?
325. ¿Cuál es la característica principal de las sociedades de capital?
326. Explica cuál es el origen de las sociedades anónimas. ¿Cuál es el precedente histórico más remoto?
327. ¿Cuál ha sido la evolución histórica del tipo SA, a través de qué leyes se ha regulado en España?
328. ¿Cuándo se regulan por primera vez en España las SL?
329. ¿Cuándo tienen las sociedades de capital carácter mercantil?
330. ¿Dónde está regulada en la actualidad la SL? ¿Y la SA?
331. Menciona alguna SA o SL especial.
332. Recoge las subespecies de SA.
333. ¿Todas las sociedades están obligadas a tener página web?
334. ¿Qué función cumple la denominación social? ¿Qué requisitos debe cumplir? Anota todos los artículos relevantes.
335. Explica cuáles son los tipos posibles de denominación social.
336. ¿Qué es una certificación negativa de denominación social? ¿Dónde se pide? ¿Para qué sirve?
337. ¿Qué organismo es conveniente consultar antes de decidir la denominación social?
338. ¿Qué es el objeto social? ¿Dónde debe constar y qué requisitos debe cumplir?
339. ¿Qué es el capital social? ¿Dónde debe constar?
340. Explica la diferencia entre capital social y patrimonio, y qué importancia tiene.
341. ¿Cuáles son las funciones del capital social?
342. Explica los principios que rigen el funcionamiento del capital social y cita alguna de las medidas de la LSC para su defensa.
343. ¿Dónde debe fijar su domicilio una sociedad de capital española? Apunta los artículos que lo prevén.
344. ¿Cuál es el criterio que determina la nacionalidad de una sociedad?
345. Explica cuáles son los criterios que se pueden seguir para determinar la nacionalidad de las personas jurídicas internacionalmente hablando, y cuál es la posición del TJUE al respecto.
346. ¿Cuáles son los requisitos para constituir una sociedad?
347. Explica cuáles son las cifras de capital mínimo obligatorio en las SC, y copia los artículos que las prevén.

348. ¿Cuál es el contenido de la escritura de constitución de una SC?
349. ¿Cuál es el contenido de los estatutos de una SC? ¿Pueden incluir otros pactos o menciones no expresamente previstos por la ley?
350. ¿Cuándo puede comenzar una SC su actividad?
351. ¿Qué determina la inscripción registral?
352. ¿Qué es una sociedad en formación, quién responde de los actos y contratos que celebra, dónde se regula?
353. ¿Son frecuentes los casos de nulidad de sociedades? ¿Por qué?
354. ¿Cuáles son las causas de nulidad?
355. ¿Qué consecuencias tiene la nulidad de la sociedad?
356. ¿Qué son las aportaciones sociales y cuáles son sus tipos o modalidades?
357. ¿Cuáles son los peligros que plantean estas aportaciones y qué hace la LSC para conjurarlos?
358. ¿Hay alguna diferencia en la regulación de las aportaciones sociales entre SA y SL?
359. ¿Qué son los dividendos pasivos? ¿Dónde se regulan?
360. ¿Se puede transmitir una acción con dividendos pasivos pendientes?
361. ¿Qué son las prestaciones accesorias y dónde se regulan?
362. ¿En qué se diferencian las acciones de las participaciones?
363. ¿Qué es el valor nominal de una acción?
364. ¿Cuáles son los derechos del socio? ¿Tienen todos los socios los mismos derechos?
365. ¿Cómo se transmite una acción? ¿Cómo se transmite una participación?
366. ¿Cómo se representa una acción? ¿Cómo se representa una participación?
367. ¿Qué es el libro registro de acciones nominativas? ¿Qué es el libro registro de socios?
368. Explica qué son las restricciones a la libre transmisión de las acciones o participaciones, qué tipos de cláusulas existen y dónde se regulan. ¿Cuál es su eficacia?
369. ¿Qué órganos sociales existen necesariamente en todas las SC?
370. ¿Qué es la junta general y cuáles son sus clases?
371. ¿Cuál es la competencia de la junta?
372. ¿Cómo debe convocarse la junta general?
373. ¿Es siempre obligatorio el sistema de convocatoria que prevé la LSC?
374. ¿Qué sucede si una junta se convoca mal?
375. ¿En qué supuestos y en qué plazo son impugnables los acuerdos sociales?
376. Recoge las modalidades de administración de una SC.
377. ¿Quiénes pueden ser administrador de una SC?
378. ¿Quién nombra a los administradores?
379. ¿Es remunerado el cargo de administrador?

380. ¿Cuándo cesa en el cargo un administrador?
381. ¿Quién tiene el poder de representación de la sociedad? ¿A qué se extiende?
382. ¿Dónde se regulan las acciones de responsabilidad contra los administradores?
383. ¿Qué es y dónde se regula un consejo de administración?
384. Explica el proceso de aprobación de las cuentas anuales en las sociedades de capital.
385. ¿Cuáles son las principales modificaciones estructurales de las sociedades mercantiles? Anota el nombre de la ley donde se regulan.
386. ¿Pueden modificarse los estatutos sociales? ¿Cuál es el procedimiento general? Cita todos los artículos correspondientes.
387. ¿Qué modalidades de modificación de estatutos conoces?
388. ¿Cuáles son las causas por las cuales un socio tiene derecho a separarse de la sociedad?
389. ¿Cuáles son las causas por las cuales la sociedad puede excluir a un socio?
390. ¿Cuáles son las causas de disolución de una sociedad?
391. ¿Dónde se regula la liquidación de una sociedad?

Títulos valores

392. Define los títulos valores.
393. ¿Cuáles son las características del título valor?
394. ¿Cómo pueden clasificarse los títulos valores?
395. ¿Qué es una letra de cambio? Recoge sus características principales.
396. ¿Cuáles son las funciones de la letra de cambio?
397. ¿Dónde se regula la letra de cambio?
398. ¿Cuáles son los elementos personales de la letra?
399. ¿Cuáles son los requisitos formales de la letra (menciones obligatorias del libramiento)?
400. ¿Cuáles son los requisitos materiales de la letra?
401. ¿Se admite la letra en blanco?
402. ¿Qué significa el principio de autonomía de las declaraciones cambiarias y dónde se regula?
403. ¿Se admite la representación en una letra de cambio?
404. ¿Qué es un pagaré? ¿Dónde se regula?
405. ¿Qué es la aceptación cambiaria?
406. ¿Qué es el aval cambiario?
407. ¿Qué es el endoso?
408. Explica las modalidades de vencimiento de la letra.
409. ¿Qué pasa si una letra no se paga al vencimiento?

410. Explica los tipos de acciones cambiarias.
411. ¿Qué tipos de excepciones se pueden oponer en un juicio cambiario?
412. ¿Qué es un cheque? Explica dónde se regula y sus menciones fundamentales.
413. ¿Cuáles son los requisitos para poder girar cheques contra un banco?
414. ¿Qué tipos de cheques conoces?
415. ¿Cómo se transmite un cheque?
416. ¿Cuáles son los plazos para la presentación al pago del cheque?
417. ¿Se puede revocar un cheque?
418. Explica los distintos tipos de cheques especiales.
419. ¿Qué acciones tiene el tenedor del cheque por falta de pago?
420. Recoge las similitudes y diferencias entre cheque y letra.
421. Recoge las similitudes y diferencias entre pagaré y letra.
422. ¿Qué es el descuento cambiario?

Derecho concursal

423. ¿Cuál es la finalidad del Derecho concursal?
424. ¿Cuáles son las funciones del Derecho concursal?
425. ¿Cuál es el presupuesto objetivo del concurso de acreedores?
426. ¿Qué efectos tiene la declaración del concurso?
427. ¿Por qué está formada la masa activa?
428. ¿Por qué está formada la masa pasiva?
429. ¿Cuáles son las posibles soluciones a un concurso?
430. ¿Qué es y qué supone la calificación de un concurso?
431. ¿Qué es y cuándo procede la exoneración del pasivo insatisfecho?
432. ¿Cuál es la finalidad del Derecho preconcursal? ¿Qué posibilidades contempla la Ley concursal en este sentido?
433. ¿Dónde se regula el procedimiento especial para microempresas?

Páginas web de interés

BOE, https://www.boe.es/
Registro Mercantil Central, https://www.rmc.es/
Oficina Española de Patentes y Marcas, https://www.oepm.es/
Base de datos del CENDOJ, Consejo General de Poder Judicial, https://www.poderjudicial.es/search/indexAN.jsp
Repertorio de jurisprudencia Aranzadi, https://www.westlaw.es

Abreviaturas utilizadas

AIE, Agrupación de Interés Económico.

AP, Audiencia Provincial.

BORME, Boletín Oficial del Registro Mercantil.

c. c. c., Cuenta corriente.

CC, Código Civil español de 1889.

CCAA, comunidades autónomas.

Ccom, Código de Comercio español de 1885.

CE, Constitución española de 1978.

CMR, Convenio de Ginebra de 19 de mayo de 1956 relativo al contrato de transporte internacional de mercancías por carretera.

CNMC, Comisión Nacional de los Mercados y de la Competencia.

CNMV, Comisión Nacional del Mercado de Valores.

CP, Código Penal.

CSD, Consejo Superior de Deportes.

CViena, Convención de Viena sobre los Contratos de Compraventa Internacional de Mercaderías de 1980.

DGRN, Dirección General de los Registros y del Notariado.

DM, Derecho mercantil.

ICAC, Instituto de Contabilidad y Auditoría de Cuentas.

IVA, Impuesto sobre el valor añadido.

LAIE, Ley de Agrupaciones de Interés Económico.

LAU, Ley de Arrendamientos Urbanos.

LC, Ley Concursal.

LCA, Ley de Contrato de Agencia.

LCAFB, Ley 26/2013, de 27 de diciembre, de cajas de ahorros y fundaciones bancarias.

LCC, Ley de Crédito al Consumo.

LCD, Ley de Competencia Desleal.

LCGC, Ley de Condiciones Generales de la Contratación.

LCS, Ley de Contrato de Seguro.

LCTTM, Ley 15/2009, del 11 de noviembre, de Transporte Terrestre de Mercancías.

LCYCH, Ley Cambiaria y del Cheque.

LD, Ley de Diseño Industrial.

LDC, Ley de Defensa de la Competencia.

LEC, Ley de Enjuiciamiento Civil.

LF, Ley 50/2002, del 26 de diciembre, de Fundaciones.

LGCoop, Ley General de Cooperativas.

LGDCYU, Ley General para la Defensa de Consumidores y Usuarios.

LIS, Ley del Impuesto de Sociedades.

LM, Ley de Marcas.

LME, Ley 3/2009, de 3 de abril, sobre modificaciones estructurales de las sociedades mercantiles.

LMV, Ley del Mercado de Valores y de los Servicios de Inversión.

LO, Ley orgánica.

LOA, Ley Orgánica de Asociación.

LOCM, Ley de Ordenación del Comercio Minorista.

LOSSEA, Ley 20/2015, de 14 de julio, de Ordenación, Supervisión y Solvencia de las Entidades Aseguradoras y Reaseguradoras.

LOSSEC, Ley 10/2014, de 26 de junio, de Ordenación, Supervisión y Solvencia de las Entidades de Crédito.

LOSSP, Ley 30/1995, del 8 de noviembre, de Ordenación y Supervisión de los Seguros Privados.

LOTT, Ley de Ordenación de los Transportes Terrestres.

LP, Ley de Patentes.

LPI, Ley de Propiedad Intelectual.

LSA, Ley de Sociedades Anónimas.

LSC, Ley de Sociedades de Capital.

LSL, Ley 4/1997, del 24 de marzo, de Sociedades Laborales.

LSRL, Ley de Sociedades de Responsabilidad Limitada.

LSSI, Ley de Servicios de la Sociedad de la Información y del Comercio Electrónico.

LVPBM, Ley de Venta a Plazos de Bienes Muebles.

OEPM, Oficina Española de Patentes y Marcas.

OJ, ordenamiento jurídico.

OM, Orden Ministerial.

RD, Real Decreto.

RDGRN, Resolución de la Dirección General de los Registros y del Notariado.

RM, Registro Mercantil.

RP, Registro de la Propiedad.

RRM, Reglamento del Registro Mercantil.

SA, sociedad anónima.

SAD, sociedad anónima deportiva.

SAL, sociedad anónima laboral.

SAP, sentencia de la Audiencia Provincial.

SC, sociedad de capital.

SL, sociedad de responsabilidad limitada.
SLL, sociedad limitada laboral.
SRL, sociedad de responsabilidad limitada.
STS, sentencia del Tribunal Supremo.
TC, Tribunal Constitucional.
TR, Texto refundido.
TS, Tribunal Supremo.

Índice